Nadolig 2001

CW01085781

1

Cyfres Cymêrs Cymru

Cymeriadau
DE CEREDIGION

DIC JONES

Gwasg
Gwynedd

Argraffiad Cyntaf — Tachwedd 2001

ISBN 0 86074 176 1

*Cyhoeddwyd ac argraffwyd
gan Wasg Gwynedd, Caernarfon*

Cynnwys

Rhagair

Pan soniodd Gerallt wrthyf am ei fwriad i gyhoeddi cyfres o gyfrolau yn ymwneud â chymeriadau roeddwn yn arbennig o falch cael bod yn un o'r rhai cyntaf i gael ei wahodd i gyfrannu.

Achos gwn yn burion y bydd llawer o'r dywediadau a digwyddiadau yr wyf fi'n sôn amdanynt yn cael eu tadogi ar gymeriadau eraill mewn gwahanol rannau o'r wlad yn nes ymlaen. Mae llawer i'w ddweud dros gyngor Carwyn – *get your retaliation in first!*

Am y cymeriadau eu hunain, maent i gyd yn bobl yr wyf, neu y bûm yn nabyddus â hwy, a'r hanesion amdanynt yn berffaith wir. O leiaf roedd y rhai y cefais nhw ganddynt yn tyngu eu bod yn wir!

DIC JONES

E— ac A—

Dau gefnder â rhyw arlliw bach, bach o atal-dweud ar eu lleferydd. Dim digon i amharu ar eich deall – ond yn hytrach rhywbeth sy'n debycach o'ch gwneud i glustfeinio'n fanylach am y perl nesaf o'u genau. Dau hefyd a oedodd hyd eu canol oed cyn dechrau ymhél â phrydyddu. Fel Euros Bowen o ran hynny – ond mae'r gymhariaeth lenyddol yn gorffen fan'na! Achos agorodd A— ei gwys ei hun ym materion gramadeg, cystrawen ac odl. O'r braidd na ellid ei gyfri'n arbrofwr. Eithr glynu at y confensiynol a wnaeth E—. Ei gerddi a wnaeth y naill yn gymêr, a'i ymarweddiad y llall.

Ond mae'r ddau fel petaent yn cyfannu'i gilydd rywfodd. Fel Little and Large efallai. Y naill yn gymharol dal a thenau, a'i gyfaill yn fyrrach ac, wel, heb fod lawn mor denau. Un yn edrych dros ei sbectol a'r llall yn edrych dani. Un braidd yn wyneplwyd ei wedd fel petae ar ei ffordd i'r angladd a'r llall yn fochgoch radlon fel petae newydd ddod oddi yno – a'r ewyllys o'i blaid!

Gallech yn hawdd basio A— mewn stryd wag heb braidd sylwi arno'n llithro heibio'n fân ac yn fuan a rhyw wên fach hanner ymddiheurol yn ei lygad. Ond am E—, petae hwnnw'n dod i'ch cyfarfod ar stryd orlawn Sadwrn Barlys, prin y byddech yn gweld neb arall.

Braidd yn annisgwyl efallai, i drydanwr yn hanu o gyffiniau Llanybydder ac Allt-y-blaca, bu gan A— ddiddordeb oesol mewn hwylio, a threulia ddyddiau lawer yn pysgota'n ei gwch o gwmpas y Gwbert. Gymaint felly nes iddo ar un cyfnod gael ei ethol yn Gomodôr y clwb hwylio. Anrhydedd a chyfrifoldeb nid bychan o gofio'r nifer fawr o ddieithriaid sy'n ymaelodi yno.

Ond yr oedd eisoes wedi magu cariad at y môr yn ei gyfnod yn gweithio i gwmni Marconi. Hwyliai'r moroedd yn arbenigo ym meysydd radio a radar, ac yn ei amser sbâr – ac yr oedd ganddo ddigon o hwnnw, ys dywedai – astudiai gyfrinachau trydan.

Eithr yn wahanol i weddill y criw nid y Llynges a dalai ei gyflog, a phan ddocient mewn gwahanol borthladdoedd a'r lleill yn derbyn eu pae byddai ef yn gorfod dangos math o gerdyn adnabod oddi wrth ei gwmni a fyddai'n ei awdurdodi i hyn a hyn o arian poced. Aethai popeth yn ei flaen yn hwylus am rai misoedd nes i ryw glerc mewn porthladd arbennig wrthod ei lwfans iddo am nad oedd ei lun ar ei gerdyn, fel y dylai fod. Beth oedd e i'w wneud? Allan gyda chriw o adar tebyg iddo'i hun mewn porthladd dieithr (a hwyliog mwy na thebyg) ac yntau heb geiniog yn ei boced! A hynny o ddiffyg llun.

Felly yn ôl ag ef at y llong wrtho'i hun, a phrynu rhyw gylchgrawn neu'i gilydd ar y ffordd i ladd amser. Ac yna sylwodd ar lun pen ac ysgwydd du a gwyn o rywun ar y clawr. Llun gloyw tua'r maint yr oedd ei angen arno ar ei gerdyn adnabod. Llun rhywun braidd yn welw'i wedd a'i wallt yn cilio rhywfaint oddi ar ei dalcen – yn wir, yn y llwydolau gallai fod yn llun ohono ef ei hun. Mwy na hynny roedd yn ffitio'n berffaith i boced blastig ei gerdyn. Iwrica! Achubiaeth!

Ac yn wir, ni chafodd unrhyw drafferth codi arian am fisoedd, am flwyddyn neu fwy. Tan iddo alw mewn porthladd rywle yng nghyffiniau Rwsia. Dangos ei gerdyn a sylwi bod y ferch wrth y bar yn ei drin fel pe bai'n rhywun arbennig – fel petai'n Dduw, a dweud y gwir. A'i chlywed yn sisial yn gyffro i gyd yng nghlust ei phartneres pwy ydoedd y gŵr dieithr yn y llun. Nikita Kruschev!

Ar y llaw arall, dewisach gan E— gadw'i draed ar y ddaear, ac ynddi hefyd, a barnu wrth olwg ei fynych foduron. Achos iddo ef nid rhywbeth i'w faldodi yw car – nid yw'n ddim byd ond modd i gyrraedd un man o fan arall, boed hynny drwy lyn o laid neu gae o dir coch neu ar draffordd, ac i'w barcio lle bynnag y bo'n gyfleus i'w berchen. Yn wir, os bydd torf angladd, mart neu steddfod rywle yn y parthau hyn yn cael trafferth am fod rhyw yrrwr penefer wedi parcio'n groes i'r fynedfa prin y bydd angen holi pwy yw hwnnw.

Yn enwedig os bydd tolc neu ddau yn ochrau'r car a darn o gortyn belo yn cadw'i ddrws ar gau, dwy neu dair sach wag ac amryfal offer ar y sedd ôl a chi defaid yn trio sbecian allan drwy gagl y ffenest! Ond bydd hanner lleuad lanach na'i gilydd ar y ffenest flaen, a'r allweddi yn eu lle i chi ei symud pryd y mynnoch. Ys dywed ei berchen yn fynych – 'Car brwnt a lesens lân'.

Un o ffermwyr mwyaf llewyrchus yr ardaloedd, does dim dadl, a'i fuches Holstein yn gyson yn codi'r prisiau uchaf ym mart Aberteifi (er mai *Hallstands* yw ei enw ef ei hun ar y brid coes-hir, tinfain hwnnw!). Gŵr parod ei ateb, boed ar fydr neu ar lafar, ac nid un hawdd i gael y gorau arno'n gyhoeddus. Fel y dysgodd E— W— drwy chwerw brofiad.

Cadwai hwnnw fuches bedigri, enwog drwy'r wlad, ar fferm gyfagos, a digwyddai fod ganddo dwr o heffrod ifanc parod i darw yn pori am y ffin ag un o gaeau'r bardd. Yn y cae hwnnw roedd dwsin neu ragor o rai tebyg yn rhedeg gyda rhyw geglyn o darw ifanc. Dim byd yn arbennig o ran tras, dim ond rhywbeth i gael yr heffrod yn gyflo am y tro cyntaf gan arbed y drafferth o'u llocio ar gyfer dyn yr AI.

Ond p'un ai a oedd y tarw bach wedi gorffen ei wasanaeth disgwyliedig yn ei faes ei hun ai peidio, rywfodd neu'i gilydd mae'n rhaid ei fod wedi torri drwy'r ffin ac i gae'r gwyryfon ucheldras yr ochr draw. Wrth reswm fe gymerodd rai misoedd i'r ffaith honno ddod i'r golwg, ond pan wnaeth nid oedd eu perchen, mwy na'r hen Victoria gynt, yn *amused*. Ac er i'r prydydd, fwy na thebyg, gydnabod ei gyfrifoldeb a dod i ryw fath o gytundeb, mae'n rhaid nad oedd ei gymydog yn llwyr fodlon. A'i ddull ef o ddial oedd disgwyl ei gyfle a'r ddau ohonynt yn nhyrfa'r mart ryw fore Llun. Ac yno yng nghlyw'r byd (oedd eisoes yn gwybod yr hanes i gyd, wrth gwrs) dyma fe'n gweiddi ar y bardd,

'Nawr 'te 'machan i, ynglŷn â mater y tarw 'ma – beth wyt ti'n mynd i'w wneud? Mae e wedi serfio hanner dysen o'n aneirod gore i.'

'O, wel,' mynte'i gymydog, 'g-gewch chi lonydd am l-leni, g-gewch chi dalu flwyddyn nesa!' Ef enillodd y rownd honno.

Ond mae ef ac A— fel petaent yn eu cael eu hunain mewn rhyw sefyllfaoedd anarferol ar eu gwaethaf, rywsut. Roedd y trydanwr, rywdro, wedi addo gwneud rhyw jobyn i gyfaill iddo ar bnawn Sadwrn – rywbryd wedi cinio, heb fod yn fwy penodedig na hynny. Weirio rhyw blwg trydan neu'i gilydd a fyddai'n golygu codi styllod llawr y llofft, a'r cyfaill yn addo y byddai ef ei hun yn codi'r styllod ymlaen llaw er mwyn prysuro'r gwaith. Ond am ryw reswm ni fedrai A— weld ei ffordd yn glir i ddod yn y prynhawn a phenderfynodd daclo'r gwaith y peth cynta yn y bore.

Cyrhaeddodd â'i gwdyn twls a chael bod hanner y styllod eisoes wedi'u codi a dim sôn am ei ffrind yn unman ond bod sŵn rhywun yn yr ystafell ymolchi. Ac ymlaen ag ef â'i waith yn morthwylio a llifio a'i gefn at y drws. Yn y man synhwyrodd fod sŵn y dŵr yn y bathrwm wedi peidio a chymerodd yn ganiataol y deuai'i gyfaill ato maes o law. Ond gan na ddaeth neb am dipyn bwriodd olwg dros ei ysgwydd lle gallai weld ar draws y cyntedd drwy ddrws agored ystafell wely yr ochr arall. Ac i'w fawr syndod – a'i foddhad mwy mae'n siŵr – gwelai wraig borcyn heblaw am dywel o gwmpas ei phen yn eistedd ar erchwyn y gwely yn torri ewinedd ei thraed! Yn union fel pe byddai golygfa felly yn rhywbeth y gallai unrhyw drydanwr ddisgwyl ei weld bob bore cyn brecwast!

Ni allai Brian Rix fod wedi trefnu ffars well. Y wraig heb fod yn disgwyl A— tan y prynhawn a'i gŵr wedi picio allan i brynu papur neu rywbeth. Hithau'n hen gyfarwydd â'i glywed ef yn morthwylio ar hyd y llofft ac yn cymryd yn ganiataol mai ef oedd wrthi pan ddaeth allan o'r olch. Nid oes cofnod o'r hyn ddigwyddodd wedyn!

Dro arall, a'r trydanwr ar ei ffordd adref o Dalwrn y Beirdd (llwyddiannus gellwch fentro) yn Nhan-y-groes yn y llwydolau roedd rhyw idiot wedi parcio fan fawr lwyd heb ddim golau arni ar grib y rhiw sy'n arwain drwy Benparc. Peth anfaddeuol i ddigwydd hyd yn oed i yrrwr gorau'r byd – heb sôn am rywun â'r haleliwia yn dal yn ei enaid wedi llwyddiant y Talwrn. Ac yn anochel aeth yn alanas. Fe allai pethau fod wedi bod yn waeth – ond roedd car y Comodôr yn rec.

Drannoeth dyma'i gyfaill parod ei gymwynas yn cofio iddo weld car ar werth yng Ngarej Blaenannerch. Yr union beth i siwtio'i bartner diolwyn. A dyma bicio i fyny i gael golwg arno – mewn car benthyg ei hunan gan fod ei fodur ef ar un o fynych ymweliadau i gael ei raparo. Cyrraedd y garej a throi i fewn i'r cwrt drwy un bwlch, taro llygad ar y fargen a chael ei fodloni a hwylio allan drwy fwlch arall – yn syth i lwybr car arall yn dod o gyfeiriad Blaen-porth! Dau rec.

E— oedd un o'r rhai cyntaf yn y bröydd hyn i dyfu indrawn ar gyfer silwair. A chafodd gnwd i'w ryfeddu. Fforest o gnwd yn sefyll wyth troedfedd a hynny'n ddifwlch o glawdd i glawdd. Yn wir, bu sôn iddo orfod codi iet y cae oddi ar ei bachau i gael lle i'r combein fynd i mewn! A chafwyd cynhaeaf delfrydol gan wneud cladd o'r silwair yn yr ydlan.

Gwaetha'r modd, pan ddaethpwyd i'w fwydo ymlaen yn y gaeaf roedd holl ddrudws y greadigaeth yn clwydo yn y coedydd cyfagos – wedi'u denu wrth gwrs gan yr india corn. Yn wir aeth pethau cynddrwg nes i'r bardd gymryd y twel bôr atynt. Un ergyd i ganol yr haid, meddai ef, ac yr oeddent yn disgyn yn gawod i'r llawr, yn enwedig ar wyneb y pydew biswail gerllaw. Yn wir, roedd hwnnw cyn debyced â dim i bwdin reis a chyrens ar ei wyneb!

Ond ni ddigalonnodd y drudws. Yn ôl y deuent wedyn, ddydd ar ôl dydd. A rhyw ddiwrnod, wedi i'r Shotolau fod wrthi unwaith yn rhagor, mae'n rhaid ei fod wedi taro'r dryll o'i law ar do ei gar. Anghofio amdano a bwrw i lawr i fart Aberteifi ar ei siwrnai wythnosol.

Y prynhawn hwnnw roedd hiw-an-crei drwy'r dref i gyd. Yr heddlu wedi dod o hyd i ddryll ar y ffordd osgoi ac yn amau *major incident*. *Armed gunman* wedi'i darfu wrth ei anfadwaith ac wedi dianc gan adael ei arf ar ôl!

Ond nid hwnnw oedd canlyniad gwaetha'r drudws. Yn naturiol i fferm a llawer o'i thir yr ochr draw i lôn gyhoeddus, mae croesi'r lôn honno â buches o tua deucant o wartheg fore a nos ar bob tywydd yn mynd i olygu rhywfaint o laid ar y ffordd. A chwarae teg i'r bardd, pan âi pethau'n waetha waetha arferai glirio'r annibendod orau y medrai.

A rhyw fore dyma un o iypis y dre yn dod heibio yn ei fodur swanc a chael sgid fach, fach yn y llaid reit o flaen iet y clôs. Dim byd bron. Wedi'r cyfan roedd car y ffermwr ei hun yn hen gyfarwydd â nofio llynnoedd gwaeth na hynny bob bore cyn brecwast! Ond fe aeth yn fater llys.

A galwodd y prydydd ar ei gyfeillion, yn gyffredin ac ysgolhaig, i sefyll gydag ef yn y bwlch. Yn benodol ei *alter ego* A—. Mae'n siŵr ei bod wedi bod yn ddrama werth ei gweld.

'*Call Mr A— J—*' yn ego i lawr y coridorau, a hwnnw'n ymddangos â *ledger* newydd fflam o dan ei gesail. Yn amlwg yn ŵr yn gwybod be oedd be yn y byd cyfreithiol. '*What is your occupation?*' Tynnu'i hunan i'w lawn faint ac yna '*R-retired electrician. And C-Commodore.*'

Gofyn wedyn am ei dystiolaeth. Estyn i'w boced am y sbectol hanner lleuad. Agor y cas yn ddefosiynol iawn a'i dodi ar flaen ei drwyn a thowlu cewc drosti ar rheiny o aelodau'r fainc a fentrai edrych. Agor y *ledger* fel tae'n feibil Peter Williams a rhedeg ei fys i lawr ryw restr ddychmygol, yna troi dalen neu ddwy ymlaen ac yn ôl wedyn cyn dod o'r diwedd o hyd i'r ffeithiau angenrheidiol.

Pesychiad pregethwrol. *'On the afternoon of the...'* (cewc ar y *ledger* i wneud yn siŵr) *'the* fel a'r fel *of this month, at approximately* (cewc arall) *six minutes past three, I v-visited Mr E—J— at his home.'* Ac yn y blaen.

'To what do you attribute this incident?'

'S-starlings, sir. S-s-sitting in the trees. V-very dirty birds!'

Gwaetha'r modd, rhyw fath o ddedfryd ohiriedig oedd y canlyniad. Ond esgorodd ar sawl cerdd dda – ac fe ddaeth y twel bôr i'r fei.

Dai Bach y Sain

Nid am fod unrhyw gysylltiad rhyngddo a'r cwmni enwog o Landwrog, ond am y rheswm syml mai yn Y Llain y'i ganed ond na fedrai ynganu'r 'll' yn blentyn – 's' a ddôi allan bob tro. Nid wyf yn siŵr, chwaith, na pharhaodd yn yr arfer hwnnw yn hwy nag oedd raid, i'w fantais ei hun. Wedi'r cyfan, pan welai rywun ef yng nghwmni'i fam a gofyn, yn null nawddoglyd oedolion bob amser, 'A phwy yw hwn sy' gyda chi 'te?' byddai'r bychan yn siwr o gael ei big i mewn yn gyntaf, 'Dai Bach Y Sain ydw i.' A hynny wrth gwrs yn golygu ceiniog neu ddimai yn ei boced bob tro!

Clywais Cassie Davies yn dweud fod gan drigolion ardaloedd Tregaron air am rywun hytrach yn wirion – bod rhywbeth bach yn *ddi-niw* yn ei gylch. Yr union air i ddisgrifio Dai. Ond ei fod yn ddigon di-niw i droi'i ddiniweidrwydd i'w les ei hun. Pan ddigwyddai fod wedi tramgwyddo mewn rhyw ffordd yn yr ysgol, er enghraifft, a Mishtir yn ei ddwyn i gyfri. 'Rwyt ti wedi bod yn fachgen drwg, Dai.' 'Ydw, Syr.' 'Wnest ti ddim o dy waith cartre, Dai.' 'Naddo, Syr.' 'Fe ddylet gael y gansen, Dai.' 'Dylwn, Syr.' Ac erbyn hynny, wrth gwrs, ni fyddai gan Mishtir y galon i'w rhoi iddo! Gwers bwysig.

Stocyn bach o grwt, cyn agosed ag y gallai fod i gael ei

gyfri'n dew yn yr oes honno, a'i drwch o wallt du i lawr dros ei dalcen ac ychydig dros ei lygad chwith. Yn wir, pe byddai mwstash ei dad ganddo byddai cyn debyced â neb i'r Adolph hwnnw oedd yn gymaint o boen i'r byd y blynyddoedd hynny.

Ni fyddai hyd yn oed yn poeri'r un fath â phawb arall. Mae'r mwyafrif ohonom wedi dysgu poeri gan ddefnyddio'r tafod a'r ddwy wefus – rhyw fath o 'ptt' bwerus. Ond ei dafod a'i ddannedd uchaf a ddefnyddiai ef, gan wasgu'r poeryn allan drwy'r bwlch yn ei ddannedd mewn rhyw fath o 'tsst' wlybyrog, gan fynych wlitho'i leferydd yn yr ymdrech.

Ymladd wedyn. Pan âi'n ffrwgwd weithiau ar yr iard, a'r cecran a'r herio'n troi'n sgarmes, dull Dai fyddai rhoi cornel llabed ei siaced yn ei geg a'i dal yn hol-ffast rhwng ei ddannedd, rhoi'i ben i lawr, cau'i lygaid yn dynn, a melina'i freichiau'n ddigyfeiriad nes o'r braidd bod mwy o beryg iddo ef ei hun nag i'w elyn.

Ond fel y gweddill ohonom, fe ddaeth drwyddi rywsut, a chael gwaith yn was twt gan fy Nwncwl Wyn yn Yr Hendre. Un o'i jobsus cyntaf oedd pympio olwyn treiler gwair oedd yn rhyw hanner fflat. Pwmp llaw wrth reswm. A chan nad oedd *pressure gauge* yn beth cyffredin iawn y pryd hwnnw barnai Wyn bod angen tua deucant o bympiadau ynddi. A dyma Dai ati'n ufudd, gan gyfri 'Wan, tw thri,' ac yn y blaen yn gydwybodol iawn. Ymhen peth amser daeth Wyn yn ei ôl i gael gweld sut yr oedd pethau'n dod ymlaen, a chael Dai yn edrych yn ffwndrus o'i gwmpas, y pwmp yn segur a'r olwyn heb fod yn agos caled. A chwestiwn diniwed y gwas bach – 'Boss, be' sy'n dod ar ôl hyndred an neintîn?'

Cartrefai gyda'i fam ym Mhen-ffin, o fewn gwaith deng munud o gerdded. Digon cyfleus ar gyfer ei fynd a dod dyddiol – ond rhy gyfleus yn aml pan fyddai wedi anghofio cau drws y twlc a'r hwch wedi torri i'r cae tatws neu wedi gadael y gath i'r storws lafur neu ryw fân dramgwydd felly. Dihangai adre'n syth wedyn ac ni welai'i feistr mohono am rai diwrnodau. Byddai'n rhaid i hwnnw wneud cyrch arbennig i'w berswadio i ddod yn ôl, gan gynnal yr holl drafodaeth drwy ffenest y 'pen isa' achos byddai Dai yn ei hyd ar y gwely a'i ben dan y gobennydd. Eithr ymhen rhyw ddeuddydd fynychaf fe'i hebryngid yn ôl i'w wasanaeth yng nghwmni'i fam. Ac âi popeth ymlaen fel cynt. Tan y tro nesa.

Ei hoffter mawr fyddai reidio bysus. Neu'n hytrach reidio'r stepen. I lawr i Aberteifi ar un bws ac yn ôl ar y llall o fore gwyn tan nos a byth yn eistedd mewn sedd ond yn sefyll nesaf at y gyrrwr yn mân siarad a phoeri 'tsst' 'tsst' drwy'r drws. Yma eto deuai'i ddiniweidrwydd meithrinedig â mantais iddo. Achos gan amled ei deithiau ni ofynnai neb iddo dalu. A pheth arall, daethai mor gyfarwydd â'r bysus fel na fu angen wats arno erioed. Gwyddai i'r funud faint o'r gloch oedd hi pan welai fws ar y gorwel o gaeau'r Hendre yn bwrw am Gogerddan neu hyd yn oed ddim ond clywed swn un arall yn mynd tua Blaenannerch. Roedd bysus yn gyson yn yr oes honno!

Pen-ffin hefyd oedd cyrchfan llanciau ifanc y pentre gyda'r nos. Roedd yno radio (weierles y pryd hwnnw) i wrando ffeit. A Dai fyddai meddyg mawr ei mynych wendid. Prociai fotymau yma a thraw a rhoi ambell ergyd go egr iddi i'w chael i berfformio. Ond un noson, ac yntau wedi methu cael siw na miw allan ohoni, bu'n rhaid i'r doctor gyfadde yn y diwedd, 'No gwd, bois, ma'r llygod wedi byta'r foliwm!'

Ei ddewis lenyddiaeth fyddai'r *Radio Times* a cholofn y ffilmiau yn y papur lleol. A ph'un ai er ei les ei hunan neu i helaethu'n gwybodaeth ni, byddai'n eu darllen yn uchel gan lithro dros y geiriau mwyaf nes na wyddai neb beth a ddywedai. Byddai Dirk Bogarde yn Dirc Bygerd a'r Solemn League yn Solomon Lijiw a phethau felly.

Ond daeth yn amser iddo wneud ei wasanaeth cenedlaethol, a galwyd ef i wersyll Tonfannau. Wrth reswm, bu'n rhaid i'w fam ei hebrwng i gwrdd â'r trên. Ond yr oedd Dai adref o'i blaen – ar fws arall wrth gwrs. A'i eglurhad i ni fechgyn? Y camp yn rhy lawn – doedd dim lle iddo!

Ac felly y bu gydol ei amser yn lifrai'i Mawrhydi – yr MPs yn gorfod dod i'w gyrchu'n ôl wedi pob *leave*. Wn i ddim faint o *jankers* y bu'n rhaid iddo'i ddioddef ond yn y diwedd naill ai fe gafodd y fyddin ddigon ar Dai neu Dai ddigon ar y fyddin. Ond mae'n debyg iddo gael ei symud i Dŷ-croes erbyn hynny achos pan ddaeth adre'r tro olaf fe ddaeth â menyw gydag ef! Mari, o Walchmai, a Gòg o'r Gògs. (Nid bod dim byd o'i le ar y rheiny cofiwch, ond eu bod nhw'n ddierth i ni ar y pryd.)

Llathen o'r un brethyn ag yntau. Hollol ddidoreth. Ac os oedd pethau'n flêr cynt roedden nhw'n waeth fyth wedyn. Trigent mewn tamaid o fwthyn dau ben o'r enw Waun'refail a chyn pen dim roedd Mari wedi'i ddodrefnu â llond lori Pickfords o gelfi, gan gynnwys *three piece suite* anferth a lanwai un ystafell yn gyfan a theledu un fodfedd ar hugain oedd o fewn dim i lenwi'r llall. A hithau'n wythnos Wimbledon ar y pryd fe glywech y peli'n drybowndian o Bont y Rhyd! Cyn pen deufis roedd yr un lori yn ôl yno'n eu casglu drachefn. Neu'r hyn oedd yn weddill beth bynnag.

Byddai Dai'n gweithio yn awr ac yn y man ('yn y man' yn amlach nag 'yn awr') yn labro gyda hwn a'r llall, ac fel pawb ohonom yn dra pharod am ei gyflog i lenwi rhyw dwll neu'i gilydd yn y gyllideb. A rhyw dro, fore Ffair Aberteifi, a chyflog rhyw dridiau o waith i gymydog yn troi iddo, anfonasai Dai Fari i ymhŵedd ar ei ran. Ond derbyniad digon cwta gafodd honno, a'r neges lled blaen y byddai Dai'n cael ei dalu y tro nesaf y trôi i fyny i'w waith.

Ond roedd y ffair y prynhawn hwnnw, a'r llogell yn wag! Nid sefyllfa i roi dyn yn yr hwyliau gorau, mae'n rhaid cyfaddef. A chollodd Dai'i limpyn. Yn ei dymer bytheiriai wrtho'i hunan o gwmpas y cowrt gan gicio hen fwced *Snowcem* gwag a ddaliai'r lludw ar bwys drws y tŷ yn dolciau nes o'r diwedd iddo'i gicio yn grwn dros y clawdd i'r hewl. A gwneud cymaint o niwed i'w droed yn yr ymdrech fel na fedrai fynd i'r ffair beth bynnag!

Yn rhagluniaethol ddigon, a'r bwthyn rywfaint yn wacach wedi ail ymweliad Pickfords, gydag amser ganwyd iddynt blentyn, Vincent. 'Vincant y diawl' yn fynych yn acen unigryw ei fam. Gan taw sut y goroesodd hwnnw'i flynyddoedd cynnar, Duw'n unig a ŵyr. Ni byddai'n ddim i chi weld yr un bach, wedi i'w fam fod yn siopa, yn awnsio *fish fingers* yn syth o'r pecyn, nid yn unig heb eu coginio ond heb eu dadlaith chwaith!

Ond goroesi a wnaeth, a dysgu creulon ffyrdd y byd cyn iddo ddechrau cerdded bron. Gwelsai cymydog ef ryw fore'n llechu yng nghysgod cropyn eithin ar glawdd yr ardd, a gofyn iddo beth oedd yn ei wneud yn fan'ny.

'Cuddia, cuddia,' oedd yr ateb. 'Dyn llefrith' (siaradai Gymraeg Sir Fôn) 'yn dod. Dim pres.'

Doniol a thrasig yr un pryd. Sgwn i beth yw ei hanes erbyn hyn? Achos chwap wedi iddo ddechrau'r ysgol ciliodd ei fam ac yntau. Yn ôl i Fôn am wn i. I edrych ar ôl ei mam oedd yn wael, meddai Dai. A hynny er i Mari, yn ôl ei storïau hi, gladdu'r hen wraig tua theirgwaith yn ei hamser! Nid bod hynny'n ddim rhyfeddod. Oni chladdasai'i thad hefyd, meddai hi, ryw chwe mis ynghynt o ryw ddamwain erchyll – a hithau wedi'i magu yn amddifad?

Phebi

Roedd hi'n ferch i gyn-ysgolfeistr oedd yn un o'r disgyblwyr llymaf erioed, yn ôl pob sôn. Ac mae'n bosib, os oedd ei law cyn galeted yn ei gartref ag y dywedir ei bod yn yr ysgol, bod ei ferch wedi delffo ryw ychydig o'r ceryddu mynych. Beth bynnag, wedi marw'i mam bu'n cadw tŷ i'w thad nes iddi'n raddol dyfu'n hen ferch egsentrig braidd.

Parablai'n ddi-stop. Doedd melin bupur a phwll y môr ddim ynddi! Yn wir mae'n amheus a oes yn holl adnoddau'r iaith Gymraeg gyffelybiaeth i'w disgrifio'n addas. Achos nid yn unig ei bod yn mynnu ail- a thrydydd-ddweud pob ymadrodd, ond pupurai ei brawddegau â mynych ''na i chi 'te' ar yr un pryd â gwneud rhyw sŵn â'i gwefusau y mae'n anodd ei gyfleu. Roedd hi fel tasai'n gwneud sŵn 'll' gan dynnu mewn yn hytrach na chwythu allan – braidd fel rhywun â'r ddannodd arno.

Bu sôn iddi, adeg y rhyfel, lygadu rhai o'r awyrenwyr a ddaethai i Flaenannerch gerllaw (fel y gwnâi llawer o ferched y pentre wrth gwrs) fel ymwared posib o lyffetheiriau ei bodolaeth ddi-liw. Cwrddai â rhai ohonynt yn ei swyddogaeth fel organyddes yr eglwys, a hwythau yno ar eu parêd Sabothol. Roedd pethau'n datblygu'n arbennig o foddhaol (o leiaf yn nhyb Phebi) lle'r oedd rhyw Corporal Jones yn y cwestiwn. Onid oedd wedi torri gair neu ddau ag ef Sul neu ddau ynghynt? Doedd y ffaith mai sôn am y tywydd a wnaethant nac yma nac acw – *hope springs eternal* a.y.y.b. yntê!

Felly'r tro nesaf y martsiai'r deugain gŵr gwisglas, trefnus i fyny'r ffordd o'r Maes Awyr a heibio i Frynmorwel lle trigai'r Sinderela, roedd hi yno i'w hedmygu o'r tu ôl i glawdd yr ardd. Ac y mae'n rhaid cyfaddef – yr oeddent yn bleser i'w gweld. Pob cam mewn cytgord perffaith, pob trowsus â'i blet yn plygu'n union yn yr un man a phob esgid yn sgleinio y medrech weld eich llun ynddi. Ac i goroni'r cwbl, yn y drydedd reng, yn union y tu ôl i ddau serjant a ddilynai'r gŵr â'r mwstash a'r pastwn dan ei gesail a arweiniai'r sgwad – Corporal Jones. Cefnsyth, urddasol, a'r haul yn wincio o'i fotymau gloywon a bwcwl pres ei felt.

Toddwyd Phebi'n jeli. Ac wrth i Sgwadron Blaenannerch o'r Llu Awyr Brenhinol ddod gyferbyn â'i chuddfan dyma lais yr organyddes yn codi uwchlaw tramp, tramp, tramp y traed disgybledig, 'Iw-hŵ, iw-hŵ, Corpral Jô-ôns, iw-hŵ,' a macyn gwyn yn chwifio uwchlaw'r clawdd prifets! Gwaetha'r modd 'gwŷr a aeth' fuont hwythau hefyd – ''na i chi 'te, 'na i chi 'te, ll ll, 'na i chi 'te'.

Ond o leiaf roedd yr awyrenwyr wedi magu rhyw awch yn Phebi am helaethu'i therfynau ac ymddatod o efynnau tyn ei thad. A phan ddaeth y sôn bod *Gone With the Wind* i fod i gael ei dangos ym Mhafiliwn Aberteifi nid oedd taw arni na châi fynd i'w gweld. A chytunodd dwy wraig o gymdogion i fynd gyda hi'n gwmni. Ond druan o'r rheiny. Am ddiwrnodau ymlaen llaw dim ond sôn am y ffilm oedd ei holl gleber, a'i gofid oedd sut y byddai'n medru ymdopi ag amser mor hir heb fynd allan. 'Gone With The Wind –

'na i chi 'te – tair awr, TAIR AWR, – 'na i chi 'te – ll – byta bwyd sych – bwyd sych!'

Roedd hi'n adeg rhyfel ar y pryd, a dogni llym ar bob math o fwydydd – yn enwedig pethau fel siwgr a chyrens a'r defnyddiau angenrheidiol ar gyfer rhywbeth fel cacen Nadolig. Felly cytunodd cymdoges o ffermwraig â Phebi y byddent yn bwrw dognau'u teuluoedd o'r defnyddiau hynny at ei gilydd i wneud un gacen a fyddai'n ddigon i'r ddau dŷ – gan y byddai hynny'n llai colledus. Mwy na hynny, roedd gan Phebi stôf baraffin oedd yn hwylusach ar gyfer y pobi, ac yn haws rheoli'r gwres ynddi, na'r ffwrn wal oedd gan y wraig fferm. Felly aeth y wraig honno ynghyd â chymysgu a pharatoi'r danteithyn a mynd â'r tun pobi'n ofalus iawn i fyny i Frynmorwel ar gyfer seremoni'r pobi.

Cynheuwyd y stôf a'i chodi i'r union wres angenrheidiol a dodwyd y tun pobi ynddi mewn llawn hyder ffydd – gyda siars bendant i Phebi (nad oedd yn enwog fel cogyddes, a rhoi'r peth yn ei fan gorau) bod angen hyn-a-hyn o oriau i'w digoni, ac na ddylai ar unrhyw gyfrif ymhel â hi. Ac aeth y wraig adre'n ôl.

Dychwelodd i Frynmorwel gyda'r hwyr i edrych ffrwyth ei llafur, ond roedd chwilfrydedd Phebi yn amlwg wedi mynd yn drech na hi rywbryd yn y prynhawn, ac wedi'i gyrru i agor drws y ffwrn i gael golwg sut yr oedd pethau'n dod ymlaen. A'r canlyniad wrth gwrs – cacen â'i chanol wedi pantu'n bydew! Ond yr oedd ateb y prentis pobwraig i'r alanas yn barod:

'Ll – fe lanwn ni'r twll lan â'r eisyn – eisyn – llanw'r twll â'r eisyn – 'na i chi 'te!'

Ond nid dyna ddiwedd trafferthion y stôf. Ar dywydd

oer byddai'n arfer ganddi ei chadw ynghyn i wresogi tipyn ar y gegin fach i'w thad, a oedd erbyn hynny'n tynnu ymlaen mewn oedran. Ond fel yr hen stofiau paraffin i gyd, os deuai rhyw bwff sydyn o ddrafft o ryw ddrws agored tueddai i fflamio i fyny'n ddireol gan fygu fel stemar. A rhyw brynhawn dyma Phebi, meddai gwraig y Swyddfa Bost yn union gyferbyn, yn bolltio allan drwy'r drws ffrynt a'i sanau fel *gaiters* i lawr tua'i migyrnau ac yn syth i'r ciosc i ffonio'r frigâd dân.

Allan o'r ciosc wedyn ac ar ei hunion i'r siop wedi cynhyrfu gymaint fel mai prin y gallai gael gair allan – gair synhwyrol beth bynnag. Ond rhwng yr 'll'au niferus a'r ''na i chi 'te' mwy niferus fyth medrodd gwraig y siop amgyffred ambell air yma a thraw. 'Stôf fach – stôf fach yn fflamo – fflamo – 'Ata fel blac – fel blac – 'Ata fel blac – dim byd ar y ffôn – dim byd ond cwac cwac – dim byd ond cwac cwac – cwac cwac.' Yr hyn o'i gyfieithu ydoedd bod y stôf wedi bod wrth ei hen driciau, wedi llenwi'r lle â mwg, a bod ei thad wedi'i bardduo unwaith yn rhagor (yn llythrennol y tro hwn)! Roedd hithau wedi trio ffonio am gymorth ond na fedrai gael unrhyw synnwyr gan y sawl oedd yn y pen arall – dim ond sŵn clician.

Felly dyma'r siopwraig yn cynnig galw naw-naw-naw drosti, a chael ateb ar unwaith wrth gwrs. Ond hoffai'r ferch yr ochr draw wybod pwy oedd newydd ffonio o'r un ciosc. Roedd hi wedi methu â deall gair o'i neges – yn wir roedd yn ofni y gallai fod wedi colli arni'i hun. Ac yn fwy na hynny, ei bod yn parablu cymaint fel na chawsai hi gyfle i gael gair i mewn! Dim hyd yn oed i gael ganddi wasgu'r Botwm A!

Phebi oedd cyfeilyddes gyntaf Côr Blaen-porth. Ac yr

oedd yn unigryw, a dweud y lleiaf. Roedd yn gerddores eitha glew, ond yn hytrach na chwarae'r darn, gyda dim nad oedd yn *ymosod* arno. Braidd fel petai'n ceibio. Ar arwydd y cyfeilydd i gychwyn byddai'n rhoi plwc i lawr i'w chap 'dafedd dros ei chlustiau a bwrw iddi â'i holl egni, ac yn ychwanegol at hynny byddai'i throed dde yn wastadol ar y pedal trwm.

Ar Lan Iorddonen Ddofn (Hermon 2) oedd y darn a buan y daeth y côr i'r man lle'r oedd pob nodyn yn ei le a phob cord fel y dylai fod. Y drafferth oedd bod y piano i'w glywed bron yn amlycach na'r côr. Pan fyddai'r baswyr yn plymio i lawr i'r grafel 'yn eithaf grym y dŵr' a pp i'w weld ar y copi, dim ond yr offeryn fyddai i'w glywed. A hyd yn oed pan esgynnai'r sopranos i ecstasi 'ond pan y gwelaf draw', a phawb yn canu nes bod eu sanau'n cwympo, er gwaethaf pob cewc bygythiol o du'r arweinydd, byddai piano Phebi c'uwch â hwy. Yn amlwg, byddai'n rhaid gwneud rhywbeth, un ai ysgawni troed y gyfeilyddes neu dawelu'r pedal trwm.

Dau o'r aelodau ieuengaf a setlodd y broblem. Un noson bractis, aethant i mewn i'r ysgol ryw hanner awr ymlaen llaw gyda thipyn go lew o gortyn beinder. Tynnu rhan flaen y piano i ffwrdd a chlymu'r pedal yn howl-bi-dag wrth y ffrâm o'r ochr fewn a rhoi'r clawr yn ôl yn ei le. Ac mae'n debyg i'r gyfeilyddes, wedi iddi ddamsang yn ofer ar y pedal penstiff am tua'r pum munud cyntaf, ildio a thrio'r pedal meddal yn ei le. Ac roedd sŵn y piano'n hen ddigon plaen wedyn! 'Na i chi 'te.

Sim

Gŵr yr oedd yr ardal wedi hen ddod i ddisgwyl yr annisgwyl ganddo. Yn llanc yn ysgol Aberteifi, mae'n debyg, ni byddai'n ddim iddo ddod i'ch cyfarfod ar y stryd ac o fewn rhyw deirllath i'ch cyrraedd dowlu'i din dros ei ben a disgyn ar ei draed o'ch blaen, fel petai hynny mor naturiol iddo â thynnu'i gap. Yr oedd o deulu hynod o sgaprwth, a'r wyth o blant mor ystwyth â'r faneg, ac wedi'u magu â'u traed bron yn nŵr y môr yn Aber-porth, yn nofwyr â sôn amdanynt. Yn wir, câi Kenneth y gair iddo fedru nofio ar draws Traeth y Dyffryn o dan ddŵr. Ond Sim oedd eu meistr nhw i gyd ar ddeifio. Gwelais ef unwaith, ac yntau'n nes i'r trigain oed na'r hanner cant erbyn hynny, yn ei chymryd hi o'r bwa uchaf i Ogo' Goron islaw – cwymp o hanner can troedfedd, siwr o fod – a disgyn i'r dŵr braidd heb godi crych arno.

Ond clywais fod tad y llwyth, a hwythau'r plant yn eu hanterth yr adeg honno, yn medru camp oedd y tu hwnt i'r un ohonynt hwy. Medrai gyrcydu ar lawr gan ddal ei goes chwith allan yn glir o'i flaen ac yna godi i'w draed gan ddefnyddio'i goes dde yn unig.

Yr oedd gorchestion o'r fath yn fwyd a diod i'r teulu'n gyfan a datblygodd Sim (a dau o'i frodyr) yn chwaraewyr rygbi tan gamp. Un o'i drysorau pennaf oedd rhaglen gêm ar y Strade a'i enw ef yno yn ganolwr yn nhîm Llanelli. Yn wir, yr oedd unrhyw chwarae a ofynnai lygad da a chwimder troed a llaw yn ail natur iddo.

Ond nid campau corfforol oedd ei unig hoffter. Fel yr âi'n hŷn ymhyfrydai ym mhob math o ymarfer meddyliol. Nid gŵr i chwarae ag ef mewn dadl ar bregeth y Sul cynt, nac mewn cwis chwaith. Gŵr deng munud ar groesair y *Times*, a phosau pitw y *Western Mail* fel chwarae plant iddo. Enillai ar y rheiny ffordd cerddai. Gymaint felly nes aeth yn anodd gan y papur hwnnw anfon ei wobrwyau iddo – llyfrau gan amlaf.

Dechreuodd yntau ymgeisio o dan enwau ffug, a'r ffugenwau hynny yn awgrymu digwyddiadau a throeon trwstan yn yr ardal. Wedi i Gwyn Reed o Bantygenau ennill jacpot mewn rhyw dŷ tafarn ar nos Sadwrn gwelodd ei enw y bore Llun wedyn yn enillydd y croesair yn y papur – G. Jack Potts, Pantygenau, Sarnau! Ei wraig yn dod i'r cwrdd mewn het newydd – un lled flewog – Mrs Cossack oedd hi. Meddyg o Aberteifi yn cwympo ma's â'i gymydog ynghylch rhyw gath yn crafu'r pâm cennin wedyn – saethwyd y gath a bu cryn helynt. Dr Catamour, wrth gwrs.

Neu'r ffermwr hwnnw a arferai newid ei sieciau cymorthdal dros gownter siop Sim yn gweld ei anrhydeddu yn Mr Le Grant, a'r dyn llaeth lleol a oedd hefyd yn casglu'r golchan o geginau'r ysgol a'r Ship yn dymchwel ei gert a'r golchan yn llifo'r holl hewl. Glynmor O'Swill dderbyniodd wobr y *Western Mail* yr wythnos honno.

Ond fel fferyllydd y gwnâi Sim ei fywoliaeth. Yr unig un o fewn milltiroedd. A hynny, mae'n siwr gen i, oedd y prif reswm pam yr âi neb i'w siop. Achos rhoddai'r argraff y byddai'n well ganddo fod yn unrhyw le'n y byd nag yn ei gôt wen y tu ôl i'r cownter. Gwir y dywedodd rhyw wag amdano, 'Ma' Sim yn olreit, os gallwch chi'i odde' fe. Wa'th ma' crôn 'i din e' ar 'i dalcen e' rownd abowt!'

Ar adegau gallai fod yn hollol surbwch, a'i hiwmor ar ei dduaf, ac nid oedd ymwelwyr haf yn enwedig – a roddai jam ar ei fara menyn – yn rhy hoff ganddo. Daeth un i mewn ato yn ystod yr awr yr agorai ar fore Sul, i baratoi presgriptiwn, ac yntau mwy na thebyg yn dioddef tipyn o effeithiau'r noson cynt. Nid y sefyllfa ddelfrydol i roi rhywun yn yr hwyliau gorau, mae'n rhaid cyfaddef.

Ond gofyn iddo a oedd yn gwerthu bara a wnaeth y ladi hon – pobman arall ar gau wrth gwrs. Bara! – ac ef ddim ond yn agor i wneud cymwynas â rhyw drueiniaid gwirioneddol sâl! 'No, I don't,' oedd yr ateb swta. 'Try the minister – he lives just up the road. Or Evans in Tan-y-groes – he might have some to spare.' Y Parch. Tegryn Davies oedd y 'minister', ac ni synnwn i ddim nad oedd hwnnw'n deall Sim a'i ffyrdd yn ddigon da i werthfawrogi'r jôc – onid oedd ef ei hun yn cynnig bara'r bywyd o bulpud Bryn-mair?

Gweinidog Tan-y-groes oedd E. J. Evans, a dim ond rhywun cyfarwydd â chaneuon rygbi fyddai'n medru gweld y cysylltiad rhwng hwnnw a 'Bread from Evans's' anthem Parc-yr-Arfau (Cwm Rhondda – bread of heaven – welsoch chi hi?). Mae lle i amau a wnaeth y ladi o Birmingham chwaith!

Dro arall daethai un debyg i mewn ddwywaith neu dair gan fodio popeth a phrynu dim. 'Have you anything for a sore throat?' gofynnodd ymhen hir a hwyr. 'Have you tried a knife?' gofynnodd yntau.

Nid oedd dim yn well ganddo na mynd i mewn i dŷ tafarn a chychwyn dadl, ac nid oedd un dafarn a siwtiai'i bwrpas yn debyg i'r Red Cow yng Nghastellnewydd – byddai digon o gymeriadau talentog yn y fan honno pa bryd bynnag y galwai – ac yna diflannu gan adael pawb yn benben â'i gilydd. Ac un noson, a hithau'n wanwyn cynnar, gofynnodd yn ddidaro reit i Ifan, oedd yn ŵr bach hynod o deidi a bonheddig bob amser, ac yn arddwr yr oedd cryn sôn amdano, o ble y câi ei hadau tato. Atebodd hwnnw'n ddigon cwrtais nad oedd erioed wedi clywed sôn am y fath hadau. 'Tato had, 'ych chi'n feddwl?' 'Nage, nage, hadau tato,' meddai'r profociwr, gan gymryd dracht arall o'i wydryn. A chan droi at weddill yr adar brithion o'i gwmpas meddai, 'Glywsoch chi hyn'na, bois? Ma' Ifan fan hyn yn dweud na chlywodd e erioed am hadau tato – a fynte'r fath arddwr!'

'Hadau tato!' meddai'r mwyaf digywilydd ohonynt. 'Sdim o'r fath bethe i'w ca'l 'achan. Tato had falle, ond hade tato – nefer.' 'Wel wrth gwrs bod hade tato i' ga'l. O ble wyt ti'n credu ma' tato had yn dod 'te?' meddai'r llwy bren wedyn. Ac ymhen dim roedd y cyfan yn wenfflam, a dim ond tato had a hade tato oedd i'w glywed tan i'r gwydrau gael eu gwacáu. Ac nid cyn i rywfaint o dawelwch ddychwelyd wrth i rywun alw rownd arall y sylweddolwyd bod pric y gynnen wedi hen ddiflannu. Nid oedd croeso Neli iddo lawn cyn wresoced y tro nesaf y galwodd!

Byddai ganddo fynychaf ddyfyniad i brofi'i bwynt; yn wir ymddangosai weithiau fel petai'r *Oxford Book of Quotations* ganddo ar ei gof. Dyfynnai Gwenallt a Chynan,

Robert Frost, Gwilym R. a Llyfr y Pregethwr (yn enwedig yr adnod sy'n sôn am wybed meirw yn gwneud i ennaint yr apothecari ddrewi!) gyda'r un rhwyddineb. Casglai greiriau hefyd ar hyd ei oes – llawer ohonynt wedi dod yn dra gwerthfawr erbyn ei farw. Ac mae'n bosib mai'r cyfuniad hwn o'r llyfryddol a'r hanesyddol ynddo a barodd iddo alw ym Marffo yng Nglynarthen wedi marw S. B. Jones (roedd ei fam a gwcddw S. B. yn gyfnitherod). Sut bynnag, ef, wrth sbrwlian drwy'r cyfrolau a'r papurau yno a achubodd gopi llawysgrif cyfrol Ffred Jones y Cilie, Hunangofiant Gwas Ffarm, rhag y cyneuedig dân. Gwnaeth yr un gymwynas â chopi llawysgrif o weithiau John Tydu hefyd.

Roedd yn gampwr o bysgotwr ar fôr ac afon, ac ni byddai'n ddim ganddo wario'r oriau rhwng cau'r siop gyda'r nos hyd ei hagor fore drannoeth yn dilyn y siwin tua Chenarth neu ar draethau Tre-saith a Phenbryn. Rhwng hynny a darllen neu chwarae cardiau hyd oriau mân y bore nid yw'n ddim syndod mai ef oedd y gŵr y byddai'n rhaid i'r bws ar fore'r trip Ysgol Sul aros oriau amdano. Ef hefyd, y mae'n deg dweud, oedd yr un y byddai'n rhaid i'r un bws aros dipyn yn hwy amdano, am resymau llai dyrchafol efallai, cyn cychwyn am adre'n ôl!

'Ma' pils at bopeth, a phils at wella'r pils wedyn,' ys dywedai. Rhyfedd hefyd, achos 'Laugh whenever you can. It is cheap medicine' sydd ar garreg ei fedd.

John a Phebi

Trigent yng Nghwmydd Bach, tyddyn diarffordd yng nghwm Pen-lan, a'r unig ffordd i gyrraedd y clôs oedd drwy rydio nant ar ei waelod. Nant a chwyddai'n afon ar dywydd mawr.

Hen bâr ar eu pensiwn, yn cadw rhyw ddwsin o ieir a gafr neu ddwy. Hi bron yn ddall ac yn gwisgo sbectol bron cyn dewed â gwaelod pot jam, ac yntau'n drwm ei glyw. Hi â llais gwichlyd, uchel, ac yn tasgu i bobman ac yntau'n araf ei leferydd, a'i symudiad yn diodde'n drwm o'r fogfa, a'i gorff cadwrus efallai'n gryn anfantais iddo yn y cyfeiriad hwnnw. Fe'i clywech yn tuchan o led cae – a'i llais hithau o led dau!

Am ryw reswm – ac mae'n siŵr mai ei wedd borthiannus oedd yr unig debygrwydd rhyngddo a'r ffigwr chwedlonol hwnnw yn *Punch* slawer dydd – ei lysenw ef oedd John Bwl. Nid oedd llawn cymaint o weledigaeth yn perthyn i'r sawl a fedyddiodd ei wraig yn Phebi Cow! Fel llawer o'u tebyg, gweithient yma a thraw ar hyd y ffermydd yn achlysurol – yn fwyaf arbennig ar adeg y cynaeafau. Hi yn helpu gyda'r bwyd ar gynhaeaf gwair neu gynhaeaf medi, a John adeg cywain neu ddiwrnod dyrnu. Ond wrthi'i hunan yr âi Phebi i dynnu tatws – ni fedrai John estyn y rheiny!

Dros y gwifrau dirgel sy'n bodoli mewn ardaloedd gwledig, clywsom y si fod yng Nghwmydd Bach afr ar werth, ac nid oedd taw ar un o'm cyfeillion nac y dylem fynd draw i gael golwg arni. Tan ryw dridiau ynghynt buasai ganddo afr a dynasai gert bach dwy olwyn yr oedd wedi'i adeiladu o focs sebon ac olwynion pram a dwy siafft iddo y byddai'n bachu'r afr ynddynt. Gwaetha'r modd trigasai'r hacni yn yr harnes, a'i adael ef gyda chert dim gwaeth na newydd – ond dim gafr.

Felly dyma ni'n dau, ryw noson ddechrau'r haf, yn bwrw draw at yr hen bâr i geisio gwneud dêl, ond buan y gwelwyd y buasai'n rhaid bargeinio â John drwy gyfrwng ei ladmerydd meinllais oherwydd ei fyddardod. Dechreuwyd drwy ofyn coron. 'Dyw coron ddim yn gofyn gormod, odi fe John?' Cymal cynta'r cwestiwn wedi'i anelu at ei gŵr, a'r ail atom ni, gan godi'i llais – a oedd eisoes i fyny tua'r dwbwl C gallwn feddwl – rhyw bitsh neu ddau wrth gyrraedd hwnnw! 'Na 'dyw, gwlei,' tuchanai ef. Ond y cynnig agoriadol o'n hochr ni oedd hanner coron, tra bwriai Phebi iddi i restru rhagoriaethau'r afr – ei thras, swm ei llaeth, nifer ei rhai bach a phob manylyn perthnasol ac amherthnasol a berthynai iddi. Ni synnwn i ddim nad oedd Jâms Tai-bach yr ochr draw i'r cwm yn ei chlywed lawn cystal ag y gwnaem ni. Ond doedd dim sôn iddi gael ei thorri i fewn i dynnu cert, chwaith.

Porai'r afr gerllaw wrth tua decllath o reffyn dim gwaeth na newydd – yn amlwg yn hen gyfarwydd â desibeliau uchel clodydd ei meistres. Beth bynnag, y diwedd fu i ni rhyw led-gytuno ar dri-a-chwech, a John yn cael y gair olaf a'i frest yn canu fel hwfer, 'A… a… a whêch am y lein.'

I selio'r fargen fe'n gwahoddwyd i'r tŷ i wrando'r

gramoffon – John yn weindio'r handlen a Phebi yn ddisg-joci. 'Beth liciech chi glywed, bois – Ba, Ba, Black Sheep neu Pen Calfaria?' Ac ys canodd Max Boyce – 'damn they sounded both the same'. Tua hanner y *recital* gwelwyd bod y donyddiaeth yn dirywio, a'r soprano fu gynnau'n morio 'yr eiddil yn goncwerwr mawr' yn graddol lithro i'r alto ac oddi yno i fas trwm yn codi a suddo fel tonnau'r môr. John yn edrych fel petai yn ei seithfed nef, neu o leia'n gwrando trwmped Gabriel, nes i Phebi'i atgoffa o'i ddyletswydd. 'Weindia fe, John, w'india.' A Tito Gobbi unwaith eto'n graddol esgyn i fyny'r sgêl i rywle'n nes at Maria Callas.

Mae'r cythraul mewn llanciau ifanc, on'd yw e'? A rhai blynyddoedd yn ddiweddarach penderfynwyd ryw noson wedi iddi dywyllu y byddai'n burion peth i tua deg ohonom fynd draw i weld John a Phebi. Roedd brawd un o'r criw newydd gyrraedd adref o Gaerdydd ar ei wyliau ac yn ei siwt orau a'i sgidiau'n sgleinio. Cafwyd benthyg het fowler a chas-briff iddo o rywle nes edrychai'r peth tebyca welsoch chi i was sifil, a'i bwrpas arbennig fyddai gwneud cyfrif o holl anifeiliad Cwmydd Bach. Gan ei bod ymlaen yn hwyr yn yr hydref, a'r dŵr wedi dod adre, bu'n rhaid i Islwyn Pen-lôn ei gario ar ei gefn yr holl ffordd o'r hewl dyrpeg i'r clôs – gan rydio'r nant oedd eisoes at ei cheulannau – er mwyn cadw sgidiau'r gŵr bonheddig yn lân.

Cyrraedd, a churo. Ciliodd pawb i'r cysgodion ond y gŵr o'r Ministri, a hwnnw'n cael croeso gwresog wedi iddo egluro'i neges – yn Saesneg wrth reswm! A chaewyd y drws. Nesaodd y cwmwl tystion at y ffenest a thwll y clo i gael gweld, a gwrando.

John a Phebi o bobtu i'r tân a'r gŵr bonheddig yn y stôl

orau a'i bapurau allan ar y ford o'i flaen yn ngolau dwy gannwyll. Estyn am sigarét, a chyn iddo gael amser i'w thanio dyma'r ddwy gannwyll yn cyrraedd gyda'i gilydd o bob ochr iddo dan ei drwyn, un yn llaw Phebi a'r llall yn llaw John. Sôn am dendans – fu erioed y fath beth!

Dechrau holi a chofnodi'n fanwl nifer y cathod a'r cŵn, y geifr a'r ffowls a Phebi'n cynnig yr infentri yn hollol ddidwyll – gan gynnwys llawer manylyn bach personol na fyddai pawb yn cael eu gwybod. 'Tw gôts an' wan bili – he's no gwd, leic John. Wan gŵs an' wan bwch-gŵs. Twelff hens… an' wan cocorél.'

Erbyn hynny mae'n rhaid fod peth o'r pwffian chwerthin o gyfeiriad y drws wedi cyrraedd clustiau Phebi, ond gan John yr oedd y llygaid, a gwelem ef yn syllu'n hir ar sgidiau'r gwas sifil, a dau a dau yn dechrau dod at ei gilydd yn ei feddwl. Ni welwyd erioed o'r blaen sgidiau mor loyw yng Nghwmydd Bach. Cododd ar ei draed a'i frest yn canu fel storm yn cronni, a rhwng tuchan a rhuo gwawriodd y gwirionedd arno. Waeth roedd mater yr afr heb fynd yn llwyr o gof. 'Rwy'n eich nabod chi'r diawled,' gan ei gwneud hi orau y medrai i estyn pastwn.

Peth ofnadwy yw Jon Bwl wedi ffromi, a bu'n dda i'r dyn o'r Ministri wrth gymorth rhai o'i gyd-gynllwynwyr i gyrraedd y drws. Ond cael a chael oedd hi. Neidiodd ar gefn ei farch parod y tu allan gan sbarduno i lawr y clôs rhag cynddaredd John. Ond yr oedd yr Iorddonen yn ei ddisgwyl 'r un fath â ni i gyd. Ac ni chyrhaeddodd ef na'i farch 'yn iach yr ochr draw'. Wel, nid yn sych beth bynnag, achos rywsut neu'i gilydd baglodd y marchog y march wrth groesi'r Riwbicon. O'r braidd nad aethant 'o'r golwg dan y dŵr'.

Beri

Berrington Davies, i roi iddo'i enw llawn. Enw nid cwbl anghyfarwydd ar rai o drigolion tref Aberteifi. Dylanwad un o hen wŷr mawr yr ardal, yn ddigon posib. Ef oedd un o'r rhai olaf i'w eni a'i fagu yn y dref yn y cyfnod pan oedd iddi gymeriad llawn mor unigryw ag a feddai tre Caernarfon gynt. Yr oedd rhwng y ddwy dref gryn gyfathrach yn nyddiau'r hen longau hwyliau. Gymaint felly nes bod geiriau fel 'niwc' a 'meg' am wahanol ddarnau arian yn gyffredin i iaith y ddwy. Yr oedd iddynt fel ei gilydd nid yn unig eu tafodieithoedd unigryw eu hunain, ond eu hacenion arbennig hefyd. Fel y mae bron yn amhosib amgyffred rhyfeddod iaith y Cofi heb glywed rhyw Go Bach yn ei llefaru, felly hefyd, heb glywed Beri wrthi, byddai'r un mor anodd gwerthfawrogi iaith tref Aberteifi.

Hi oedd ei Gymraeg naturiol ef. Seiniai'i lafariaid yn 'fein, fein' gan eu hynganu'n rhyw hanner trwynol, a chan gropio'r geiriau o'u cytseiniaid olaf yn aml – a'u rhai cychwynnol hefyd, o ran hynny. Erbyn heddiw, prin fod poblogaeth gynhenid y dref (heblaw am drigolion y pentrefi cylchynnol a symudasant yno i fyw) yn medru unrhyw fath o Gymraeg, a chymhathwyd yr hen dafodiaith yn nhafodiaith ehangach godre'r Sir.

Oherwydd diflannodd hyd yn oed y fratiaith arswydus honno a arferai cyd-ddisgybl i mi yn yr ysgol yno. Gôl-geidwad oedd ef mewn tîm oedd yn colli o tuag wyth gôl i ddim, a phan blannwyd y nawfed heibio iddo ni fedrai lai na chwerthin – am ben ymdrechion ei gydamddiffynwyr, byddai'n dda gen i feddwl – a dyma'i gapten yn ei ddwyn i gyfri. 'Paid laffo, 'achan, a bôl yn bac y net!'

Roedd Beri o wahanol frethyn. Fe'i hysgoliwyd gan John Bôrd Scŵl, hynny yw gan John Phillips yn yr hen ysgol ramadeg yng Nghastellnewydd, ac yr oedd rhai o'i atgofion am y cyfnod hwnnw'n glasuron ynddynt eu hunain. Blynyddoedd y ddisgyblaeth lem. Yno hefyd y cafodd ei drwytho ym manylion morwriaeth ac aeth i'r môr yn ifanc. Ond cymeriadau'r Mwldan ac adar brith tre Aberteifi oedd ei hoffter yn ystod ei gyfnodau ar dir sych.

Rhai fel Arthur Gong, Bili Binc, Twm Whannen a Dai Siorsyn. Ac eglurai Beri sut y bu iddynt gael y fath ffugenwau. Arthur Gong, mae'n debyg, am mai'i dad fyddai'n arfer weindio cloc y dre, a Bili Binc am ei fod yn ennill ei fywoliaeth – neu ran ohoni beth bynnag – drwy ddal jibincod a theilwriaid a'u dofi cyn eu gwerthu i ambell forwr diniweitiach na'i gilydd. Am Dwm Whannen, âi ef bron yn Twm Wannin ar leferydd Beri ond ni chlywais erioed esboniad ar darddiad ei enw. Ac ni swniai enw Dai Siorsyn chwaith yn hollol fel y byddech chi a finnau'n ei ynganu, neu fel y byddech yn ei ddisgwyl petai'n hanu o deulu'r Siorsiaid. Roedd yr 'r' ynddo'n diflannu nes âi'n debycach i Shosin, a'm gwnâi i ryw feddwl weithiau ai o'r Smotyn Du y tarddai – ardal y Sosin.

Fel pob hen forwr roedd ganddo'i stôr o storiâu, yn enwedig am dywydd mawr. 'Wi'n cofio, pan wê ni'n i Bei o Bisci unweth, wêdd 'i 'wthi ddiewledig, wêdd 'i 'wthi gimint 'se ti 'nagor di ben 'wthe fe din di drowser di mâs.'

A hanes y cyngor plwy hwnnw y daeth mater o godi toiledau cyhoeddus o'i flaen, ac un neu ddau o'r cynghorwyr yn sôn am 'urinals' ac yn y blaen yn eu Saesneg gorau. 'A wedin,' meddai Beri, 'gododd 'en foi o Trewiddel ar 'i drâd a wedodd e, "I propose, while we're at it, we build some arsenals as well"!'

Ond ei glasur oedd honno am y niwl mawr a ddisgynnodd ar Landudoch ryw flwyddyn. 'Wê llong fach mâs o Landoch twel', un fach wêdd i twel' – dim ond capten, mêt a gali boi wêdd arni. A wê ffog dichrinllid 'da 'i pan wê nw'n dod 'nôl miwn dros i bar. Allet ti dorri fe â cilleth a'i roid e rint bara menin. Wê, drop ded i ti 'te. A wê capten ar bridj twel' in cadw watsh, a mêt ar pôt seid a gali boi ar stâbyd. A wê capten in weiddi bob 'in a 'in wth gali boi – achos trip cinta fe wêdd e twel', "Wit ti weld rwbeth?" a 'wnnw weiddi 'nôl, "Na-dw." a mlân â nw gim bwill bach bach.

'Wap 'ma weidd 'wêth o bridj, "Wit ti weld rwbeth nawr?" "Na-dw, ma' omrod o ffog 'da 'i." "Wel wrs gwrs bo' omrod o ffog 'da 'i grwt – 'na pam wyt ti 'na onife?" A mlân â nw 'to. Wê nw lan biti goddereb â Fferi irbin 'inni a dim lot o ddŵr 'na – a 'ma weidd o bridj fel ffogorn, "Iffach, wit ti weld rwbeth nawr 'te? Gwêd rwbeth, rocin bach." a 'ma fe weiddi nôl, "Wdw." "Beth wit ti weld?" "Wîad." "Beth ma' 'i'n neid – cered ne' mofiad?" "Cered." "O diewl, leg-go pôt ancyr 'te." '

Roedd yn briod â Nesta, un o ferched Banc Cottage yn Aber-porth, a byddai'r dadleuon rhyngddo ef a brawd-yng-nghyfraith iddo yn werth gwrando arnynt. Yn enwedig ar bwnc pregethwyr. John Thomas Blaenwaun oedd ffefryn Beri, ac wrth reswm byddai'n rhaid i Sim esgus ffafrio rhywun arall er mwyn megino'r tân. Ac nid byth y byddai Beri'n ei siomi. 'Be' wit ti siarad, 'achan? Wê Jon Tomos Bla'wein in actwr twel'. Wê Richard Burton 'im patsh arno fe. A diewl, wêdd e alle weiddi. Pa' wêdd e brigethi ar Moses in bwrw'r graig â bastwn allet ti gliwed y glatsh in Landoch, a wêt ti cliwed swˆn i gwin in lwtshan fel ffôls Cenarth. Wê 'wnnw'n brigethwr.'

Buasai brawd-yng-nghyfraith arall yntau'n morio, wedi cael ei hyfforddi mewn rhyw goleg morwrol, o do iau na Beri, ac yn Gymro pybyr. Nid yn anaml y byddai anghydweld rhyngddynt ynglŷn â rhai o borthladdoedd a chefnforoedd y byd. Môr Sargasso, er enghraifft. Daliai Beri nad oedd hwnnw, a bod yn fanwl, ddim yn fôr o gwbl. Ond mynnai Kenneth, yn ei ffordd foneddigaidd, dawel, yn wahanol. 'Esgusodwch fi, Beri, ond 'rych i'n camgymeryd fan'na. Fe ges i 'nysgu 'i fod e' yn yr Iwerydd rhwng ugain gradd a phymtheg-ar-hugain, Gogledd, a deg-gradd-ar-hugain a deg a thrigain, Gorllewin.' Ac fe ffrwydrai'r hen forgi. 'Diewl, ti â di radde, 'achan! Wi wbod 'inni – wi wbod 'inni'n iawn. Ond dim môr iw e' twel' – pishin o fôr iw e.' A wê llonge slawer di' mind in sownd in i wimon. Diewl, chi bois colege in meddwl bo' chi gwbod i bledi lot!'

Am rai blynyddoedd cyn ymddeol bu'n hwylio'r fferi o Abergwaun i Rosslare, a'r tro cyntaf i mi groesi i Werddon, ef a Dani Evans, gŵr Sara Trefôn nid nepell oddi yma, oedd â gofal y llong. Ac nid oedd taw arnynt na chaent fy nwyn i gaban y capten i wylio'r llywio ac edmygu'r cyfarpar radar ac yn y blaen. Roedd hi'n fordaith ddigon garw – i'm tyb i beth bynnag, y newyddian ag yr oeddwn. Prin ein bod wedi gadael Strumble Head ar ôl nad oeddem yn deifio i lawr i gafn un don ac yn dringo i grib y llall, a minnau'n dal wrth beth bynnag oedd yn gyfleus i drio cadw fy nhraed. Afraid dweud eu bod hwy'u dau yn hollol gysurus. 'Rwff?' Synnai Beri pan grybwyllais hynny iddo. 'Rwff? Iw hin 'im bid 'achan, pan fidd twll di din di yn twll di wddwg di – prini ma' i'n rwff!'

Ryw nos Galan, a ninnau wedi ymgasglu i fynd o gwmpas yn griw i ganu calennig fel arfer, clywais ganddo ymadrodd nas clywais gan neb arall. Sôn yr oedd fel y byddai gwragedd Llandudoch yn arfer arswydo gweld gwryw â gwallt golau yn gyntaf yn y flwyddyn newydd – ond roedd rhywun pryd tywyll yn lwcus. Ac âi hynny'n ôl, meddai Beri, i adeg dinistrio'r abaty. 'Weno nw'n lico gweld un gole twel' – achos y Dêns twel'. Gwallte gole wê 'da reini a nw *llapriodd* yr Abi twel'. Y Daniaid yn 'llarpio' yr Abaty – *to lay waste*? Bosib?

Yn ei flynyddoedd olaf roedd poenau yn un o'i bengliniau wedi gwaethygu'n raddol nes o'r diwedd iddi gloi bron yn gyfan gwbl. Ac er mwyn trio cadw rhywfaint o symud yn y cymal anystwyth arferai gerdded milltiroedd ar y ffyrdd o gwmpas ei gartref ar bwys ei ffon. Rwy'n ei weld yn awr, y cefn llydan a'r gwallt gwyn yn clunhercian o'r golwg rownd i'r tro, a'i acen unigryw yn ei ganlyn.

Leslie

Ef oedd 'Sais Bach' olaf yr ardal hon. Yr olaf o blant ysgolion yr amddifaid a ddaeth yma i weini ffermydd yn hanner cyntaf y ganrif o'r blaen. Yr oedd, wrth gwrs, wedi ei hen dderbyn yn gyflawn aelod o'r gymdeithas ond, fel ei fath i gyd, gwisgodd yr arlliw o lediaith a'i ymlyniad at yr eglwys fel lifrai ei dras hyd y diwedd, er mai digon anodd oedd deall ei leferydd pa bynnag iaith a lefarai. Ac fel aderyn dieithr cafodd ei siâr o bryfôc diniwed, ond ni welais ddim erioed a gythruddai ei natur radlon, difalais.

Collins, er nad oedd fawr neb ond ei garreg fedd a wyddai hynny, oedd ei gyfenw. Enw dieithr iawn i'r rhan fwyaf ohonom ar y pryd; nis gwelswn erioed ond ar dafod ambell drap cwningen! A'r cof cyntaf sydd gennyf ohono yw ei weld yn esgyn i'r llwyfan yn ysgol y pentre i gynnig ei eitem mewn cwrdd *Our Boys*. Rhyw bwt o ganig Saesneg am blismon tew, tew yn dwyn ei chwisl dun oddi arno, ac a gyfrifem ni blant yn fentrus o ffraeth yn yr oes syber honno. Lawer gwaith y buom yn ceisio'n ofer gael ganddo ddysgu'r gân i ni, ac yntau'n ei ddiniweidrwydd yn gwrol ymwrthod â phob siocled a losin a holl driciau ein llwgrwobrwyaeth.

Nid oedd yn arbennig o llawdde, a rhoi'r peth yn ei fan

gorau! Y rheswm, o bosib, pam mai'i swydd arferol ar ddiwrnod dyrnu fyddai clirio'r mŵl. Cerddai hytrach yn stiff, â chamau bychain, trwsgl. Braidd fel ceffyl â'r gorden arno, a'i draed, os nad oeddent yn hollol ar 'chwarter i dri' fel Ned Bach y bardd, yn beryglus o agos at ddeng munud i ddau! Hen gôt facintosh wedi gweld dyddiau gwell amdano, a'r cortyn beinder holl bwysig yn ei thynnu'n dynn am ei ganol. A'i gap stabal yn sgwâr ar ganol ei ben, a'r styden wedi'i datod i dynnu'r pig i lawr ar ei dalcen rywfaint. Lle byddai'r rhan fwyaf ohonom â'r cap ar ychydig o oleddf i'r chwith neu i'r dde, ymlaen neu yn ôl fel rhyw farc o'n hunigoliaeth, nid felly Les.

Meddai ar ddant melys, a phan ddôi'r fflasged fwyd i iet yr ydlan tra byddai'r gweddill ohonom yn 'bwrw mewn i'r bara menyn' ni fyddai ef fawr o dro cyn gadael y cig a'r caws a symud ymlaen at y cacennau a'r deisen.

Serch hyn i gyd (neu'n wir efallai oherwydd hynny) enillasai iddo'i hun le cwbl unigryw yn y gymdeithas. Roedd y gweddill ohonom, yn wrêng a bonedd, cyffredin ac ysgolhaig, rywbeth yn debyg i'n gilydd yng ngraddau cyfrin pwysigrwydd ardal. Ond dim ond un Les oedd i'w gael.

O dipyn i beth roedd wedi cymryd arno'i hun y cyfrifoldeb o fod yn llatai llawenydd, a thristwch hefyd, cymdogaeth gyfan. Yn feunosol bron, byddai ar ei daith i ryw aelwyd neu'i gilydd ar ei feic, gan ei wthio, am wn i, lawn cymaint ag y byddai'n ei reidio. Ond nid bob amser y byddai'r ymweliadau hynny wedi'u hamseru yn y modd mwyaf diplomatig. Ar y naill law, byddai pawb yn falch o'i weld; ar y llaw arall, a chithau newydd daclu i fynd allan gyda'r nos a'r beic yn cyrraedd gwyddech nad oedd dianc i fod tan i Les gael rhannu'i genadwri.

Y ffordd orau allan ohoni fyddai cynnig iddo baned (felys) a phlatiaid o deisen yn y pum munud cyntaf. Onide gallech wynebu, wedi derbyn y newyddion diweddaraf am bwy oedd yn mynd i briodi ac ati, rai oriau naill o dawelwch mudan neu o sgwrs na ddeallech ei hanner beth bynnag. Byddai ar ei ffordd yn union wedyn, a'i ffarwel arferol, a phinacl ei werthfawrogiad, fyddai 'Lico dy ceic di.' Wedi'r cyfan, cynta'n y byd yr ymadawai ag un aelwyd, cynta'n y byd y medrai gyrraedd y llall!

Ef fyddai'r cyntaf at ddrws pâr ifanc yn dychwelyd o'u mis mêl a'i anrheg yn ei law, a'r cyntaf i ledaenu clodydd eu haelioni. O ganlyniad byddai'n ddigwyddiad wythnosol bron iddo dderbyn darn o gacen briodas o rywle neu'i gilydd, a chasglodd gymaint o luniau priodasau â'r papur lleol mae'n rhaid. Ac er nad oedd hel clonc yn yr un croen ag ef, rhyfedd fel y byddai ef, o flaen pawb, yn gwybod ym mhle y byddai esgor i'w ddisgwyl. Yr oedd fel petai'r mamau ifanc yn barod – yn wir yn awyddus – i rannu'u cyfrinach fach ag ef. Fel petai'n frawd i bawb. Ac wrth gwrs, byddai rhodd fechan arall i ddisgwyl y newydd-ddyfodiad maes o law, ac aelod arall eto o'r gymdeithas yn tyfu i fod yn ffrind i Les.

Pan ddaeth y diwedd anochel roedd yn amheuthun gweld yr eglwys y bu mor ffyddlon iddi yn orlawn. Ac rwy'n siŵr nad myfi yn unig a fwriai lygad dros y dorf gan geisio dyfalu beth oedd cysylltiad hwn a'r llall â Leslie. Cynghorwyr, ynadon, plismyn, gweision ffermydd, athrawon, merched a gwragedd o bob oed – nid oedd un a gyfrifai'i hunan yn rhy uchel nac yn rhy isel i fod yno.

Efallai'n wir fod hynny'n adlewyrchu cymaint ar yr ardal ag a wnâi arno ef. Ond dyna hi, bu'r hen feic hwnnw'n trafaelu am flynyddoedd, ac yr oedd rhywrai ar ben pob taith.

John a Sam

Dau frawd a dau hen lanc yn ffermio Glandulais ym Metws Ifan, fferm yn berchen tir draw cyn belled â Chwm-cou, gyda Sara, perthynas pell, yn cadw tŷ iddynt. John yn ganolig o ran maint, llwyd, esgyrnog, a chyn galeted ag y gallai neb fod. Ymladdwr yr oedd sôn amdano yn ei ddyddiau ifanc. Hytrach yn feudwyaidd ei natur ac yn dweud ei stori mewn cyn lleied o eiriau ag oedd bosib. Llefarai hytrach yn debyg i'r Moira Stewart yna sy'n darllen y newyddion weithiau – heb symud stapal ei ên braidd o gwbl. Gyda'r canlyniad y byddai'n tywyllu'i lafariaid nes bod Glandulais bron yn mynd yn 'Lyndylys' ar ei wefusau.

Sam, ar y llaw arall, yn fwy agored ei natur. Byrrach na'i frawd, bochgoch, mwy cadwrus ei olwg ac a dreuliai brynhawn cyfan yn sgwrsio â chi – a'r nos yn potsian cwningod. Yn wir, fe'i torrwyd allan o'r capel am yr union bechod hwnnw. Wedi'r cyfan roedd yn colledu'i gyd-aelodau. Ymaelododd yn yr eglwys a chyflwyno iddi allor hardd – ag arian cwningod yr un cymdogion! Dywedid na chododd Sam geiniog erioed o bres y fferm yn arian poced – edrychai'r cwningod ar ôl y rheiny.

Byw'n ddigon garw, hyd yn oed yn ôl safonau tridegau'r ganrif o'r blaen; yn wir roeddent fel petaent yn grwydriaid o'r ganrif cynt. Bara te deirgwaith y dydd a phob un â'i fenyn a'i siwgr ar wahân. Ymolchi'n foreol, haf a gaeaf, yn yr afon a groesai gyda gwaelod y clôs a siafio unwaith yr wythnos. Ni bu meddyg erioed ar gyfyl yr un ohonynt tan ei ddyddiau olaf. Yn wir, a John yn dioddef o'r ddannodd rhyw fore o law mân, trawodd sach am ei war a bwrw i fyny i'r efail ym mhen ucha'r fferm lle teyrnasai 'Ebbw Fêl' y gof. Eistedd bagal abowt ar yr eingion gan ddal howl-bidag yn y big a'r gof yn estyn y pinsiwrn mawr at y dant cyfeiliorn. Ys dywedodd Go Mawr Pontsiân slawer dydd, 'Fe'i tynnwn i e 'tae e wedi'i rifetio'n dy din di!' Taro joe o faco'n y twll ac adre â John fel tae dim byd wedi digwydd.

Ar dywydd cyfatal ni byddai'n ddim i chi weld dwy whilber yn y cartws a siwrn fach o wair ynddynt. A'r ddau frawd yn gorwedd yno nes codai'r tywydd! Galwodd cymydog yno ryw fore a gweld John yn nrws y beudy'n cynnau'i bib a chyda rhaff wedi'i thorchi ar ei ysgwydd.

'Beth sy 'mlaen 'te, John? Beth yw diben y rhaff?'

'Fychgyn, ma' Sara'n godro'r hen fywch froc a ma' honno'n aptys i dowlu ambyll gic, 'ychyn, a rwy'n rhoi rhaff am 'i chynol hi i' thynnu hi'n ôl i'r sodren 'lle bod hi'n ca'l niwyd!'

Bu'n lled boeth yn yr ardal adeg rhyfel y degwm, a John wrth gwrs yn ei chanol hi, yn enwedig os byddai sgarmes. Ac felly y bu ar sgwâr Brynhoffnant un noson. Ymladd hyd at waed. Fel y digwyddai roedd yno feddyg wrth law i wneud ei orau i'r clwyfedigion a phan dawelodd pethau rywfaint gwaeddodd John arno i ddod at gyfaill iddo oedd yn gorwedd yn ei waed. Gwaeddodd hwnnw'n ôl na fedrai ddod ar y funud, fod ganddo blisman (yr oedd John newydd ei gwympo mwy na thebyg) i'w drin. 'Yffyrn,' gwaeddodd John ar ei draws, 'Dewch mla'n 'ychyn – ma' *dyn* 'da fi!'

Yr unig nwyddau y byddai'n eu prynu mewn siop fyddai ei faco a'i fenyn a'i siwgr, a chrwtyn o berthynas iddo yn rhedeg y negeseuon hynny'r holl ffordd i Siop Pengraig, ond hyd yn oed petai dim ond dimai o newid byddai John yn ei tharo yn ei boced. Ac eto i gyd pan geisiodd Capel Tre-wen ddarn o dir ganddo i helaethu'r fynwent fe'u cawsant am ddim!

Daethai'r gweinidog – y Parch. Ben Owen ar y pryd – ac un o'r blaenoriaid draw i Landulais i geisio'r ffafr ganddo. John wedi paratoi am eu dyfodiad a photel wisgi yn amlwg iawn ar y mamplis. Ac wedi iddynt eistedd yn gofyn yn ddiniwed ddigon i'r blaenor, gan nabod gwendid hwnnw'n iawn, 'Fychgyn J—, gymri di rwbeth i yfyd 'ychyn?' A hwnnw'n gwrthod fel tai'n sioc iddo glywed awgrymu'r fath beth yng ngŵydd y gŵr parchedig! 'Beth ymdynoch chi, Byn Owyn?' Ac fe gymerodd hwnnw wrth gwrs, gan adael J— i lyncu'i boeri a lluo'i wefusau weddill y nos!

Bob rhyw hyn a hyn mynnai gan Sam ei frawd fynd i lawr i draeth Penbryn drosto i mofyn bwcedaid o wymon. Gwnâi les y byd i'w draed, meddai John. A chan fod Nano yn Felin Llanborth ar y pryd efallai fod Sam yn tueddu i wneud y siwrnai yn amlach nag yr oedd gwir angen. Rhai castiog yw'r eglwyswyr yma yntê! Ac mae'n ddigon posib mai cysylltiad eglwysig Sam a barodd bod rheithor y plwy wedi dod â'i afr i Landulais.

Achos roedd John yn cadw bwch. 'I drysho'r cloddie 'ma 'ychyn,' ys dywedai. Hynny yw, byddai'n pegio'r bwch ym mol y clawdd ble bynnag y byddai drysni'n crynhoi i hwnnw gael eu pori, gan ei symud ymlaen i fan arall wedi iddo glirio'r rhan gyntaf. Ond ei swydd arall y dymunai'r rheithor i'r bwch ei chyflawni y tro hwn. Ac wedi iddo wneud ei ddyletswydd, yn naturiol ddigon, gofynnodd y clerig faint oedd y ddyled. 'O, dim byd 'ychyn,' oedd ateb John. 'O'dd hi gymynt i'r hen fwch ag o'dd hi i'r afar.'

Wrth gwrs, gwyddai ei gymdogion yn burion am weithgareddau Sam a'i filgi wedi nos. Dulais Warrior – ci oedd wedi arfer rhedeg ar y trac yn Fforest-fach – ac fel petai wedi rhannu enaid ei berchen. Gymaint felly fel mai ofer fu pob ymgais i ddal y cnafon wrth eu gwaith. Yn awr ac yn y man gwelid golau llachar yn croesi caeau Penbompren neu'r Deiniol efallai, ond erbyn cyrraedd yno byddai'r cyfan fel y bedd, a Sam a'r ci yn ei gesail yng nghysgod rhyw gropyn eithin o olwg llygad. Medrai ddiflannu bron fel ysbryd.

Gwnaethpwyd cyrch arbennig ryw noson gan tua phump o gymdogion. Gwyddent yr union gae – roedd rhywun newydd weld golau yno funudau ynghynt – ac nid oedd iddo ond un bwlch. Felly un yn y bwlch i warchod a'r lleill i gylchynnu'r cae i chwilio yn y tywyllwch. Ond dim byd. Dim ond twr o war9theg yn gorwedd yma a thraw. Ond prin y gwyddent hwy fod Sam yn gorwedd yn ei hyd wrth ystlys y tarw yn cosi'i war â blaen ei fys a hwnnw'n cnoi'i gil yn gysurus heb gyffro o'r fan gan gysgodi'r milgi a'i berchen yr un pryd.

O'r braidd na ellid dweud bod y stori honno, a phenbleth y cymdogion ynglŷn â diflaniad Sam, yn gymhares gyflawn i stori John â gweinidog arall. D.J. Hughes, Glynarthen y tro hwn. Pan alwodd hwnnw arno ryw ddiwrnod roedd gan John gwestiwn diwinyddol pwysig iddo. 'Fychgyn, wy'n dyall yn iawn shwt âth Jonah mywn i fola'r morfil 'na, ond yffyrn, shwt da'th e' mâs 'ychyn?'

B— J—

Mae athrylith erioed wedi cymryd ei llwybr ei hun. Ac os ewch chi ar y ffordd o Gogerddan i gyfeiriad Castellnewydd, ymhen rhyw dair milltir fe ddewch ar draws tŷ bach ar y llaw dde yn prysur fynd â'i ben iddo. Sied sinc bron o'r golwg mewn tyfiant gwyllt wrth ei dalcen a'i tho'n pantu gan rwd a henaint, a bron yn union gyferbyn, yr ochr draw i'r hewl mae yna garej – yn amlwg tua chanrif yn ifancach na'r tŷ – ond â'i chyflwr os rhywbeth yn waeth.

Dau hen bwmp petrol troi-â-llaw yn madru wrth ei thalcen, a'r drysni a'r llysiau Maelog a llawer chwynnyn dienw arall yn tyfu drwy'r concrid. Bob ryw hyn a hyn fe welwch rywun yn croesi o'r naill i'r llall, braidd yn wargrwm ac wedi'i wisgo bron mor wahanol i'w oes ei hun ag oedd y Dr. Price Llantrisant i'w oes ef, mae'n rhaid.

Caucasian, ys dywed yr Americanwyr, er mai prin y dywedech hynny wrth ei liw! Mab i hen yrrwr injan stêm oedd yn beiriannydd wrth reddf, beth bynnag am hyfforddiant. A'r mab hwnnw wedi etifeddu doniau'i dad, yn egsentrig, yn feudwyaidd ac, ys dywed Thomas Grey, yn 'desert flower born to blush unseen'.

Mecanic ers ei ddyddiau cynnar – fe'i prentisiwyd yn Lowndes yng Nghaerfyrddin – a dilynodd yr alwedigaeth

53

honno yn y sied fach yn nhalcen y tŷ yn ddigon llwyddiannus, cyn belled â bod y cwsmer yn barod i wrando tipyn go lew o rodresa a jargon technegol. Galwodd rhywun yno ryw ddiwrnod ag arno angen darn arbennig i'w fodur a dyma B— yn rhoi gwaedd yn nrws y tŷ ar ei fam, 'Mam, cer' i hôl y peth a'r peth. Mae e' yn yr *Austin Department*.' Bocs tomatos yn y cwtsh dan stâr!

Perthynai'r fam honno, wrth reswm, i genhedlaeth arall – cenhedlaeth y clocs a'r brat a'r ffedog sach – a serch ei hedmygedd digon naturiol yng ngalluoedd amlwg ei hunig fab ni fedrai ddechrau amgyffred cyfrinion y byd modern yr oedd ef mor hyddysg ynddynt. A phan ruodd tair neu bedair *Hawker Hunter* dros Fryn-gwyn rhyw brynhawn a'u mwg yn diflannu'n stribedi i gyfeiriad Aberteifi, mynnai B— i'w fam ddod allan i weld yr enghraifft hon o wyrthiau technegol ddiweddaraf y byd hwnnw yn sgrechian heibio.

'Mam, mam, dere gloi – supersonic *aircraft*,' (byddai eu galw'n eroplêns yn rhy gomon!) Ond erbyn i honno glocsian ei ffordd allan i'r hewl gan sychu'i bysedd yn ei brat a chodi un llaw i gysgodi'i llygaid rhyngddi a'r haul roedd y rhyfeddodau prin wedi hen ddiflannu dros y grib, wrth gwrs. Ni phlesiai hynny mo'r mab. 'O diaaawl, tw bledi lêt, mam fach, tw bledi lêt.' Dedfryd gwbl annheg ar un oedd yn gymorth hawdd ei gael iddo mewn sawl cyfyngder.

Achos hi fyddai'n galw a galw arno ef o tua saith o'r gloch bob bore hyd ddeg i drio'i gael i godi, ac yntau'i hun fwy nag unwaith yn tw bledi lêt i ateb gofynion rhai o'i gwsmeriaid. Ymhen hir a hwyr llusgai i lawr y grisiau yr un lliw yn union ag yr aethai i fyny'r noson cynt. Hi hefyd fyddai'n gorfod trotian allan i'r garej ar hanner ei gwaith i estyn iddo ryw dwlsyn oedd allan o'i afael ac yntau yn ei hyd ar lawr i mewn ymhell o dan ryw gar neu'i gilydd. Neu estyn y potyn Vic, y credai'i mab mor gryf ynddo, i ryddhau'i ffroenau. Yr un llaw ddu fyddai'n derbyn y Vic â'r sbaner fel mai o'r braidd y gwyddech ai mwstash oedd y llinell ddu o dan ei drwyn ai peidio!

Eithr meddai'r ddawn brin o osod popeth o'r neilltu ond yr hyn oedd ar droed ar y funud. Nid oedd dim arall yn cyfri ar yr adeg arbennig honno. Nodwedd athrylith erioed, dybiwn i. Adnewyddodd hen gar ei dad – un o'r *Morris Minors* cyntaf i gael eu gwneud – nes bod hwnnw, er gwasanaethu'i berchen am flynyddoedd lawer, mewn cyflwr dim gwaeth na newydd. Gwnaeth yr un peth ag un o'r *MG*s cyntaf i gyd y daeth ar ei draws rywbryd. Ei dynnu bob yn sgriw, weldio, paentio, adnewyddu lle'r oedd angen, a'i adfer i *showroom condition*, chwedl ef. Mae'r ddau rywle ym mherfeddion y gragen garej o hyd o dan eu gorchudd o garthenni. Prin y byddai neb yn eu gyrru, cofiwch, achos mae hynny o *waste oil* ac ired na lwyddodd i lynu wrth oferôls eu perchen wedi eu plastro dros y ceir. Rheiny a'r Scott.

Y beic hwnnw a fu'n bopeth iddo ar un adeg. *Scott Twin* pum cant, y bu sgrech uchel ei egsost yn chwibanu ar hyd fflat Bryn-gwyn yn y prynhawniau pan fyddai'r marchog yn ei diwnio. Mwy o sŵn nag o sbîd, mewn gwirionedd, a'r gyrrwr yn gwibio'n ôl a blaen a'i ben ar dro yn gwrando mwy ar y nodyn o'r tu ôl iddo nag a dalai o sylw i nodwydd y cloc o'i flaen. Yn wir, unwaith neu ddwy bu'n ei rasio ar draeth Pentywyn heb adael fawr o'i ôl yn fan'ny chwaith.

Un o'r pethau cyntaf a wnaeth i'w ddwyn i sylw'r ardal oedd goleuo Steddfod Tre-wen ac yntau'n llanc ifanc iawn.

Lluniodd *generator* i droi â rhod ddŵr flynyddoedd cyn bod trydan wedi dod i'r ardaloedd hyn – fel y gwnaeth sawl un arall mewn gwahanol ardaloedd wrth gwrs. A bu'n arbrofi â gwahanol fathau o rodau gwynt flynyddoedd cyn i'r chwiw ddiweddaraf yma wreiddio. Ond buan y symudodd o fyd trydan i fyd electroneg – a'r wyddor honno yn ei phlentyndod yr adeg honno. Heb unrhyw hyfforddiant, hyd y gwn i, medrodd amgyffred yr egwyddor o reoli peiriant car drwy radio-reolaeth. A'r prawf oedd gadael car ei dad ar sgwâr Penseithglawdd, ddwy filltir i ffwrdd, ac yntau'n trio'i danio o Fryn-gwyn. Llwyddodd ar y tro cyntaf.

O dipyn i beth graddiodd i adeiladu awyrennau bychain – gan ddysgu iddo'i hun egwyddorion *aerodynamics* yr un pryd – a rheoli'r rheiny eto drwy ddefnyddio radio. A chan fod gwersyll Aber-porth gerllaw, a'r arbenigwyr yno yn arbrofi yn yr un meysydd, byddai'n cael caniatâd i ddefnyddio'r maes awyr ym Mlaenannerch i hyrwyddo'i hobi ar y Suliau. Yn wir, fwy nag unwaith gwahoddwyd ef i arddangos ei ddyfeisiadau pan fyddai'r awdurdodau yn cynnal diwrnodau agored ac yn y blaen.

Ond rywsut rywfodd, ymhen amser aeth yn rhech groes rhyngddo a rhai o swyddogion Ei Mawrhydi – mwy na thebyg am ei fod yn gwybod llawn cymaint â hwythau, a heb ofni dweud hynny – a gwaharddwyd ef o'r lle. Ac am amser wedyn fe'i gwelech yn llechu ar ben y cloddiau ffin a'i *binoculars* yn ei law yn trio dwyn cyfrinachau'r wladwriaeth. Busnes peryg!

A chan iddo, yn amlwg, fod yn ŵr yn gwybod ei bethau fe'i gwahoddwyd i annerch cymdeithas leol a'i galwai'i hunan yn Hoelion Wyth. Cymdeithas o fechgyn lleol a gwrddai unwaith y mis yn bennaf i fod allan o ffordd eu gwragedd, am wn i. Cymdeithas, hefyd, yr oedd yn adnabod ei haelodau i gyd wrth eu henwau. Ac yno y gwelwyd B— yn ei ogoniant.

Cyhoeddwyd ei gyrraedd gyda sgrech o'r Scott o'r tu allan a daeth i mewn yn ei *leathers* a'i holl regalia. Rhyw groesiad rhwng Dan Dare a Malcolm Campbell. Aeth cryn amser iddo'i gael ei hun i gyflwr a weddai i gyhoeddiad mor bwysig ond yn y man dechreuodd arni. *Aerodynamics, rocket propulsion*, a rhyfeddodau Cape Canaveral a phethau felly. A rhwng pitsh ei lais uchel braidd, a llithro hytrach yn esgeulus dros rai o dermau technoleg *interstellar trajection* a'u tebyg nid oedd neb yn rhyw siŵr iawn o'i genadwri. Ond cymerai'n ganiataol mai i ddisgleirdeb ei sylwadau yr oedd y gymeradwyaeth, mae'n siŵr!

Wrth reswm, fel gan bob darlithydd gwerth ei halen cafwyd ganddo sesiwn holi ac ateb ar y diwedd. A phan geisiodd un o'i wrandawyr dynnu'i goes drwy amau doethineb anfon dyn i fyny i'r lleuad cyn ei fod yn medru trefnu'i fywyd yma ar y ddaear collodd y siaradwr ei limpyn yn llwyr. 'Diaaaawl, 'achan, wyt ti'n dwp – wyt ti'n bacwaaard. Niiiid y tecnolojiii 'i hunan sy'n bwysig ond y peeeth sy'n dod ma's ohono feee. Wyt ti ddim wedi clywed am yr Off Sbin?' Athrylith yn sicr – ond nid ym myd criced!

Ellen Ann

Un o brif atyniadau mynd i'r Ysgol Sul slawer dydd fyddai cyrraedd yno ryw hanner awr ymlaen llaw (am ddau o'r gloch y dechreuai'n hysgol ni) i gael bod yn un o'r criw fyddai'n eistedd ar wal y capel y tu allan. Byddai llechi honno'n gynnes dan eich pen-ôl a'r haul yn braf yn eich wyneb. Byddai'n haf bob amser wrth gwrs, a chithau wedi cael cyfle ar eich taith i bigo dyrnaid bach o blwmwns o'r llwyni ger Crown Isaf, neu binsiad o syfi goch oddi ar glawdd Tŷ-newydd neu bocedaid o geirios o'r cloddiaid coed ar ben lôn Crugwyn a thipyn o ddail sur bach o bobman.

Wedi cyrraedd 'wnaech chi ddim byd mwy na chymryd eich lle yn y rhes blant o bob ochr i'r sticil i sbortian a chwerthin, a phan ddôi rhywun hŷn i ddweud ei bod yn bryd mynd i mewn, gofalech wneud hynny dros y sticil – nid âi neb ond yr hen bobl drwy'r iet agored, serch nad oedd honno ond teirllath i ffwrdd.

Yn amlach na pheidio, hen wraig a gyrhaeddai o gyfeiriad sgwâr Blaenannerch fyddai'r 'rhywun' hwnnw. Dychrynllyd o hen, yn ein tyb ni; yn wir, clywsom Gwyndaf Tŷ Capel yn bwrw amcan ei bod dros bedwar deg oed! Byddai'n dod ar gamau bychan, buan, a ffon ddraenen ddu yn ei llaw – nad oedd byth yn cwrdd â'r

58

llawr ond yn rhyw sgimio'n ôl a blaen drosto. Yn wir, teimlai rhai ohonom biti drosti na allai gael ffon hirach.

Gwisgai ddillad tywyll, llaes, a'i sgert yn cyrraedd o fewn modfedd neu ddwy i'w thraed, fel mai prin y medrem ddweud, a bod yn onest, ai cerdded a wnâi o gwbl, neu a oedd ganddi bâr o gastors odani. Het dywyll am ei phen a siôl ar ei gwar a Beibl â chlasbyn pres iddo dan ei chesail. Yn wir, heblaw nad oedd ei siôl lawn mor lliwgar na'i het lawn mor uchel, edrychai'r peth tebycaf erioed i'r llun hwnnw o'r hen wraig yn y capel yn rhywle yn y Gogledd a welai llawer ohonom ar wal y parlwr gartref.

Byddai fynychaf yn aros i siarad â ni am beth amser cyn ein gorchymym i fod 'yn blant da a mynd i mewn i'r festri mewn pryd'. Ond tueddai i 'lefaru mewn damhegion' ys dywed y Beibl, wrth holi pwy oeddem, ac yn y blaen. Byddai'n mwmian rhywbeth am 'yr hen blant 'ma'n prifio ma's o bob rheswm' ac efallai'n holi rhywun, 'I ba lwyth 'ych chi'n perthyn, 'machgen i?'

Nawr, a'r rhan fwyaf ohonom yn blant ffermydd, dim ond un peth a olygai'r gair 'llwyth' i ni ar y pryd. Gwagenaid o wair neu ŷd ar ei ffordd i'r ydlan. 'Cistiaid' fyddai llwyth o ddom – a phrin y byddai neb ohonom yn dewis arddel perthynas â hwnnw, beth bynnag. 'Certiaid' o foch fyddai torraid ohonynt ar y ffordd i'r mart – ffigwr arall na fyddem yn rhyw hapus iawn i gael ein tebygu iddo. Felly dyma ni'n ôl i'r wagenaid gogor. Ond roedd rhagor rhwng llwyth a llwyth hyd yn oed wedyn. Gallai fod yn llwyth o sgubau, wedi'i godi bron mor grefftus â'r das ei hunan. Neu'n llwyth o wair nad oedd lawn mor ddestlus ei wneuthuriad, neu'n llwyth o grafion, hynny yw, y tameidiau hynny o wair a godasai'r rhaca wrth orffen y cae, a'i godi'n 'sholyn', hynny yw, eto, rhyw erthyl bach o lwyth nad oedd yn llwyth o gwbl mewn gwirionedd.

I ba un o'r llwythi hyn, felly, y byddem yn cyfaddef i ni berthyn y tro nesaf y gofynnai Ellen Ann i ni? A chafodd rhywun, wedi pendroni'n hir dros y broblem, mae'n siŵr, y syniad athrylithgar o ateb mai o'r llwyth 'gyda'r clawdd' yr hanai ef. Athrylithgar oherwydd byddai hwnnw'n llwyth go arbennig, yn cynnwys yr ysgubau hynny a fyddai'n rhy laith (o achos y gwlith) i'w cynnwys gyda'r sgubau crasaf. Gadewid hwy ar ôl tan y diwedd fel y byddent yn nhop y das, ac felly'n sychu yn yr awel yno. Dyna ladd dau aderyn ag un garreg, felly – rhoi ateb a gyfrifem ni yn ffraeth o smart i'n holwraig ar yr un pryd ag esbonio pam mai ni fyddai'r olaf i fynd i mewn i'r festri. Wedi'r cyfan, medrem ninnau 'lefaru mewn damhegion' hefyd.

Fel yr aem yn hŷn clywem am ei ffyddlondeb rhyfedd i'r Achos. Cwrdd deirgwaith bob Sul, yn ogystal â chyrddau'r wythnos – y Seiat a'r Cwrdd Gweddi – heblaw ei bod yn anhwylus, a pheth anarferol iawn oedd hynny yn ei hanes hi. Trigai filltir a hanner dda o'r capel, felly golygai pob cyfarfod siwrnai gron o dair milltir o leiaf – a cherdded wrth gwrs. Mewn wythnos, felly, byddai wedi cerdded pymtheng milltir, a hynny dros flynyddoedd lawer. Yn wir, priodasai merch o'r ardal â gŵr o Jamaica a symud allan yno i fyw. Ac mae'n rhaid ei bod wedi sôn yn ei hardal newydd am yr hen wraig hynod hon yn ei hen gartref, oherwydd yn fuan wedyn gwelwyd erthygl yn un o'r papurau yno lle'r oedd y cyfrannwr yn amcangyfrif, gan fod Ellen Ann dros oedran yr addewid erbyn hynny, ei bod yn ystod ei hoes wedi cerdded i gyrddau ym Mlaenannerch yn bellach nag y cerddodd cenedl Israel yn ystod ei

60

chaethglud i gyd. Eithr yn ôl y map ar wal y festri, doedd fawr o ffordd o'r Aifft i wlad Canaan, fawr mwy na hyd dwy goes matsien, a dweud y gwir – ond roedd yn stori dda!

Roedd ganddi'i ffordd ei hun o wneud ac o ddweud. Pan fethodd brawd iddi ag adennill ei le yn y sedd fawr, a'i sedd, dros dro, wedi mynd i un arall, ei ffordd hi o fynegi'r peth oedd dweud eu bod 'nhw wedi tynnu cro'n 'y mrawd oddi ar 'i gefen e' a'i roi e' am S— Cyttir'. Er y byddai hynny, yn ôl y sôn, wedi golygu ei fod yn groen go elastig!

Cafwyd pregeth anarferol o drwm a dwfn mewn cwrdd pregethu rywdro gan un o hoelion wyth yr enwad, a hithau heb fod yn rhyw bles iawn ar nifer y dyrfa oedd wedi dod ynghyd. Wedi'r cyfan roedd yn fater o falchter enwadol, pan fyddai un o'r enwau mawr wedi ymostwng i lenwi'r pulpud, bod y capeli cyfagos yn dod yn gryno. Yn union yr un fath â chyda'r danteithion wedi hynny yn y festri. Y peth lleiaf y medrai pobl ddierth ei wneud fyddai gwerthfawrogi'r ddarpariaeth a wnaed ar eu cyfer. Ond mae'n amlwg na theimlai bod y gynulleidfa arbennig honno nac o'r nifer nac o'r calibr trymaf. A phan drafodwyd neges y gennad ar y ffordd adref, ei barn hi oedd mai 'Dyna beth oedd towlu india corn o fla'n cywion bach!' Bwyd rhy fras iddynt ei stumogi.

Roedd dadleuon diwinyddol yn fwyd ac yn ddiod iddi, a chymanfa bwnc yn nefoedd. Aethai'n ddadl go boeth un tro ynghylch natur Ffydd, a gweinidog ifanc, newydd ei ordeinio, yn holi'r ysgol. Er mwyn procio trafodaeth roedd hwnnw yn gwrthgyferbynu ffydd y wraig honno a gyffyrddasai ymyl gwisg yr Iesu ag agwedd Tomos yr Anghredadun. Y naill yn fodlon credu heb unrhyw fath o brawf, a'r llall yn mynnu cael dodi'i fys yn nhyllau'r archollion. Onid oedd, holai, ffydd ddall y wraig yn well na ffydd rhywun fel Tomos a fynnai gael prawf cyn y credai? Ond teimlai Ellen Ann bod y gweinidog ifanc yn dangos ychydig gormod o duedd yr ifanc i ddibrisio safonau'r hen, a rhoddodd ben ar y trafod wrth gyhoeddi'n groyw, 'Mae'n well i chi ga'l ffydd ddall, machgen i, na dim ffydd o gwbwl!'

Dro arall y cwestiwn oedd sawl nefoedd oedd yn bod. Roedd un gŵr huawdl yn dadlau ei bod yn rhaid bod mwy nag un, a dyfynnai'r adnod sy'n sôn am 'ddaear newydd a nefoedd newydd', ac un arall yn sôn am drydedd nef, ac un arall wedyn am y seithfed nef. Roedd peryg gwirioneddol na fyddai dadleuon yr hen wraig yn mynd i ddal eu tir. Ond nid oedd ildio i fod. 'Waeth i ti sawl un sy',' meddai'n fuddugoliaethus, 'weli di ddim un ohonyn nhw!'

Credai'n siŵr bod gormod o olau'r haul yn dueddol o ddiffodd y tân a gwnâi baratoadau yn ei chartref i atal hynny. Yn y gwanwyn a'r haf, pan fyddai haul canol dydd yn dod drwy un ffenest a tharo ar y grât, byddai'n symud y seld o flaen y ffenest honno i'w gysgodi, gan ei symud yn ôl fel yr âi'n hydref.

A chlywais ddweud, er na chefais brawf cyllell a fforc o hynny, ei bod yn coginio rhywbeth a alwai yn Dai Nic Stew, nad oedd, mae'n debyg, yn ddim ond corn bîff a dŵr berw wedi'i dywallt drosto. Gan taw pwy yn y byd oedd y Dai Nic hwnnw nid oes neb â ŵyr. Ond mae'r ffaith iddi alw'r resait yn Dai Nic Stew yn hytrach na Stiw Dai Nic o leiaf yn awgrymu mai Sais ydoedd! Danteithyn arall, os danteithyn hefyd, y dywedid iddi ei baratoi, oedd yr hyn a alwai yn Gawl Ciper Herin! Prin bod angen eglurhad ar y resait honno!

Trigai merch ei chwaer a'i thair merch fach yn Llwynbedw, tua milltir a hanner go dda o'i chartref yn ei blynyddoedd olaf. Ond medrai haneru'r daith wrth ddilyn lôn a elwir yn Hewl y Berth a thynnu llwybr tarw ar draws rhai caeau. A golygfa gyfarwydd fyddai'i gweld yn ffwdanu'i ffordd hyd y daith honno a'i basged ar ei braich 'a rhywbeth bach i'r hen blant'. Dyrnaid o gyrens neu bwys o sosejis, efallai. Dim o'ch losin a'ch teganau chi iddi hi! Ac nid oedd cymaint â chymaint o'i le ar hynny, am wn i. O leiaf medrai rannu'r sosejis yn deg. Ac mae'n rhaid ei bod yn olygfa i ryfeddu ei gweld yn trio'u gwahanu â'i dwylo a'r ewinedd hirion hynny, gan halio ar un selsigen nes bod ei pherfedd yn gwasgu allan fel pâst dannedd o'i diwbyn! Egsentrig, duwiol a didwyll hyd y diwedd.

Brooks, Ffynnon-wen

Ni bu yma'n ddigon hir i ni ddod i'w nabod wrth ei enw cyntaf, ac ni adawodd fawr o ddim ar ei ôl ond gwynt ei 'after shave'. Ni chlywais, chwaith, i ble'r aeth wedi hynny. 'Digwyddodd, darfu', fel petai. Eithr yr oedd yn 'ddyn sybstanshal, yn gwisgo cot-â-phegs a smocio 'ffags pen morwr', ys dywedai Pontsiân. Ac yr oedd hynny'n ei osod ychydig ar wahân mewn ardal lle'r oedd y got-Sul-a-ddaeth-yn-got-bob-dydd a'r baco Ringers yn fwy cyffredin.

Ef oedd y Sais (neu'r 'mewnfudwr' efallai – rhag i chi feddwl 'mod i'n hiliol) cyntaf i brynu fferm yn y cylchoedd hyn. 'Nôl yn niwedd pedwardegau'r ganrif o'r blaen. Tua chenhedlaeth, fwy neu lai, wedi i ni dderbyn y Sais Bach olaf o'r 'ysgolion' a'i droi'n rhyw fath o Gymro, a chenhedlaeth arall cyn i'w debyg ddod â'r welintons gwyrdd a byclau arnynt i wlad y sgidiau hoelion.

Chwech a dwy o ŵr a dynnai sylw, chwarae teg, militaraidd braidd ei osgo, a chanddo drwch o wallt tonnog yn hanner brith yma – gwallt y tybiai rhywun y byddai'n fwy cartrefol yng nghwmni het fowler ac ymbarél nag â'r cap stabal a phastwn collen. A rhywfodd, ynghanol cleber tyrfa mart neu ocsiwn, roedd ei lais ef yn amlycach na'r un.

Y peth cyntaf a wnaeth wedi cyrraedd oedd bwrw iddi i

addasu'r hen dŷ. Dymchwel wal neu ddwy i helaethu'r gegin, bwrw i lawr yr hen staer gerrig oddi allan a arweiniai i'r storws uwchben y gegin fach, bricio'r drws a chodi staer *spiral* o ddur i'w chyrraedd o'r lolfa yn ei lle. Concritiodd y cwrt o'i flaen a dodi'r whilber yno i blannu blodau ynddi. Bwriodd dwll yn wal y talcen yn llygad haul a chodi *patio* yno yn wydr i gyd – lle delfrydol i fwynhau haul y bore a chael paned o goffi ac yn y blaen. Trodd yr hen laethdy yn storfa win a phlisgodd y welydd o'u gwyngalch a'u hailbaentio â *Snowcem* pinc i fatsio lliw'r ffenestri a'r drysau. Yn wir, mewn byr amser roedd yr hen le wedi'i weddnewid yn llwyr, ac yn bleser i'w weld.

Diau petasai wedi aros yn hwy byddai wedi chwyldroi llawn gymaint ar yr hen gaeau a'r cloddiau hefyd. Achos un o'r pethau cyntaf a wnaeth oedd dod â bwldoser i mewn a gwastoti dau allan o bob tri ohonynt. Nid gŵr i hanner gwneud jobyn oedd ef. Mynnai byst newydd a weier o'r Cop ble bynnag y byddai buwch wedi torri drwy'r gwrych yma a thraw – nid bod y rheiny wedi'u tynhau a'u staplo'n rhy dynn cofiwch; yn wir gwelwyd ambell lein ddillad â gwell graen arni – ond yn sicr yn welliant ar y cetyn sinc ddisberod neu'r hen ffrâm gwely a welsech ar ffermydd yn gyffredin. Dim o'r cropyn eithin wedi'i wthio i'r twll i 'wneud y tro' iddo ef.

Ymunodd ei fab â'r Clwb Ffermwyr Ifanc a dod yno ar feic yr oedd iddo injan i'w helpu i bedlo ar y rhiwiau! A gwnaeth ymdrech deg – o fewn cyfyngiadau – i ymdoddi i rialtwch y cwmni hwnnw. Byddai'n arfer gan rai ohonynt ar noson Glwb frysio i orffen y gweithgareddau'n gynnar er mwyn cael cyrraedd y dafarn leol am ryw hanner awr cyn y caeai, am gêm o ddartiau, achos y drefn yr adeg honno oedd y byddai'r sawl a gollai gêm yn prynu hanner peint i'r enillydd, ac yr oedd ambell aelod yn chwaraewr anodd ei guro.

Cyllid oedd y broblem fynychaf. Pe byddai gan rywun ddigon yn ei boced i dalu hanner peint i'w orchfygwr pe digwyddai golli'r gêm gyntaf, yna gallai fentro 'mynd ar y bwrdd'. Gallai o hynny ymlaen, os byddai'n ddigon lwcus, fwynhau sawl gêm a sawl hanner peint, heb ddim cost iddo'i hun! Un noson roedd chwe Ffermwr Ifanc, a'r newydd-ddyfodiad yn eu plith am y tro cyntaf, wedi bwrw pob hatling o'u heiddo i'r drysorfa ganolog a chael bod ganddynt ddigon ar gyfer chwe cheiniog a dimai yr un. Chwe cheiniog oedd pris hanner peint o gwrw'r adeg honno. Roedden nhw 'mewn busnes', felly.

Wedi cyrraedd y 'ffynnon' dyma'r trysorydd at y bar a gofyn am bum hanner peint (roedd yn ormod o ŵr bonheddig i alw diod i'r aelod newydd heb ofyn iddo beth a hoffai). Ond bu ateb hwnnw bron yn ddigon i'w gwympo ar ei din, 'I think I'll have a pink gin,' mynte fe! Sychedig fuodd e'r noson honno!

Roedd y mater hwn o fethu â chydymffurfio â'n harferion rhyfedd ni yn beth teuluol yn Ffynnon-wen, mae'n rhaid. Adeg y cynhaeaf gwair cyntaf wedi iddo gyrraedd – gan nad oedd wedi meddwl am brynu'r pawl gwair yn ocsiwn Jim, ei ragflaenydd, bu'n rhaid i'r deiliad newydd ofyn benthyg pawl Wil yr Esgair – hwnnw wedi gorffen ei gynhaeaf ei hun yn gynnar y flwyddyn honno – ac aeth Wil â'r pawl draw iddo. Ac yn Ffynnon-wen y bu dros y gaeaf. Ymhen y flwyddyn roedd Wil yn barod am gynhaeaf arall, ac anfonodd wybod i Brooks y byddai'n falch o dderbyn y pawl yn ôl. Ond, yn hollol resymol yn ôl ei safonau ef ei hun, mae'n siwr, anfonodd hwnnw'r negesydd yn ei ôl i ddweud, gan mai Wil a ddaeth draw â'r pawl, mai ef a ddylai'i gyrchu'n ôl!

Ond siawns bod syndod Wil yn ddim mwy na syndod Dani Dolgelynnen. Roedd hwnnw, rai misoedd yn hwyrach yn y flwyddyn, wedi bod yn un o'r criw yn dyrnu yn ydlan Ffynnon-wen – a diwrnod y cythraul oedd e hefyd, yn ôl y sôn. Sgubau wedi twymo ar ôl cael eu cywain yn llaith, ac wedi'u gwasgu i'w gilydd fel planciau. Llwch a llwydni bron â mygu dyn, a'r dyrnwr yn tagu'n ddiddiwedd. Gwaeth na hynny, roedd hi bron yn ddau o'r gloch ar y 'light lunch' yn dod i'r golwg. A phaned a bisgeden oedd hwnnw!

P'un bynnag, roedd Dani'i hunan yn bwriadu dyrnu chwap iawn, ac wrth reswm yn anfon cennad i Mr Brooks ei fod yn mynd ati. Ond yr oedd yn ddrwg calon gan hwnnw na fedrai fod yno i helpu'i gymydog. Roedd wedi benthyca llyfr o'r llyfrgell, ac wedi cael rhybudd yn y post y bore hwnnw ei bod yn rhaid ei ddychwelyd drannoeth, ac yntau heb fod yn agos â gorffen ei ddarllen! Peth od yw diwylliant yntê.

Darllenwr mawr, yn amlwg. Yn enwedig ar gylchlythyrau a llyfrynnau'r Weinyddiaeth Amaeth. A buan y daeth yn ddigon hyddysg ym materion hwsmonaeth i gynnig ambell gyngor i'w gymdogion. Yn wir, gan mor hael ydoedd â'i wybodaeth newydd, roedd yn anodd meddwl sut y medrodd y gymdogaeth ymdopi cyn iddo gyrraedd.

Dechreuasai wneud silwair yn ôl y gyfarwyddyd ddiweddaraf, gan alw ar arbenigwyr i ddadansoddi'r cnwd cyn dechrau'i borthi yn y gaeaf. Ac wrth gwrs yr oedd ganddo bapur yn nodi'r canran o brotin, swigr, ffibr ac yn y blaen a gynhwysai. Dangosodd y papur hwnnw i'r hen Ben, a hwnnw'n tynnu at ei ddeg-a-thrigain ac wedi ffermio ar hyd ei oes. Mynnai Mr Brooks bod angen naw pwynt rhywbeth o hyn ac wyth pwynt rhywbeth o'r llall ac wn i ddim faint y cant o rywbeth arall cyn y byddai buches Ben yn talu iddo. 'Digon posib,' oedd ateb hwnnw, 'ond dyw'r gwartheg 'co ddim wedi dysgu darllen gyda fi, yto.'

Heb fod yn hir iawn acth y sôn ar led fod Brooks yn gwerthu – am arian mawr wrth reswm. Yn wir, yn ôl y siarad roedd wedi 'towlu 'i din dros 'i ben'. Hynny yw, wedi cael dwywaith pris ei brynu am y lle. Ac mae'n bosib mai felly y bu. Dim ocsiwn, ond sêl breifat, a chydwladwr iddo yn dod i gymryd ei le.

A dyna pryd y dechreuodd y straeon amdano gymryd adenydd. Fel yr oedd nythaid gyfan o gywion bach wedi trigo yn Ffynnon-wen unwaith – dim bwyd, mwy na thebyg. Achos roedd eu perchen yn methu'n lân â deall pam nad oedd digon o laeth gan yr iâr iddynt! Neu fel yr oedd wedi dosio llo, a hwnnw â'r *husk* arno ac yn sbarioni, â *Hactos Cough Mixture* ac ambell becyn o *Quaker Oats*! A llawer stori debyg a glywsom wedi iddo ymadael. Ond rwy'n amau mai celwydd oedd hanner y straeon hynny.

Yr Hen Gerddor

Am amryw resymau byddwn i bob amser yn ei gyffelybu i Bob Tai'rfelin. Er nad oedd ganddo fwstas, ac er ei fod yn fyrrach o gorff nag y dychmygaf Bob i fod, yr oedd iddynt yr un hirhoedledd, yr un llais tenor hyfryd, yr un hwyl mewn sgwrs a'r un hoffter at gerdd. Ac roedd Dai Lewis, fel Tai'rfelin os deallais i yn iawn, wedi bod yn codi canu yn ei gapel ers blynyddoedd.

Ac nid yw hynny'n ddim syndod, achos etifeddodd Dai y swydd gan ei dad, yr enwog Ddafi Dafis Blaenpistyll. Yn wir, hwyrach mai er mwyn gwahaniaethu rhwng y tad a'r mab yr adwaenid Dai fel Dai Lewis (neu Ddafi, hyd yn oed, ar y Sul, pan roddid iddo'i gyfenw yn ogystal). Rhwng y ddau ohonynt buont yn codi canu ym Mlaenannerch dros tua thri chwarter y ganrif ddiwethaf. Buasai Dafi Dafis yn un o arloeswyr tonic sol-ffa (neu'r gamwt fel y galwem yr wyddor honno'n lleol) yn y dyddiau cynnar. Yn blentyn ifanc iawn dangosodd allu cerddorol arbennig ac yn un-ar-bymtheg oed roedd yn arwain côr lleol. Cynhaliai ddosbarthiadau sol-ffa yn sguboriau a storwsydd ffermydd mewn tri phlwy, a phan gyrhaeddodd oedran aeddfedrwydd cyfansoddodd amryw emyndonau a chaneuon, gan gynnwys Annwyl Iesu, Rwy'n dy Garu, a Phlentyn y Meddwyn.

Yr oedd hefyd yn ddyn ceffyl heb ei ail. Cobiau yn bennaf, a bu eu magu a'u dangos yn rhan anhepgor o fywyd Blaenpistyll gydol ieuenctid Dai. Nid rhyfedd felly i'r mab dynnu ar ôl diddordebau'r tad – neu Bos, fel y cyfeiriai ato. A thyfodd y mab yntau i fod yn feirniad cyson yn ein sioeau enwocaf.

Ganddo ef y clywais saga'r march hacni hwnnw a brynodd ei dad yn yr Eil o Man rywbryd. Ceffyl y cythraul, yn ôl pob sôn. Hwnnw y methodd pob ystryw â'i gael i gerdded o'r llong ar gei Aberteifi. Y diwedd fu iddo gael ei godi ar sling a bloc a thacl a'i ollwng ar dir sych yn gwichial yn ei natur. Ond fe'i gwastrodwyd ym Mlaenpistyll. Hwnnw a fu'n achos i Ddafi Dafis gael ei enw 'yn y papur'.

Aethai ar ei gefn i'r dre, gan stablo fel arfer yn y Commercial – yn union gyferbyn â'r Tabernacl. A'r noson honno, a'i berchen erbyn hynny mewn uchel hwyl, mae'n siŵr, wrth neidio ar ei gefn i gychwyn y ffordd adref, cafodd y cel drawiad ar y galon neu rywbeth a chwympodd yn farw yn union o flaen y drws.

Rhoddodd y papur lleol le amlwg iawn, gellwch fentro, i'r *well known horseman and famous conductor, whose horse dropped dead outside the Commercial Hotel*, gan adael i bawb dynnu'u casgliadau'u hunain, wrth gwrs. Ond gan y teimlai'r *famous conductor* ei fod yn ffigwr llawn mor amlwg yn y sefydliad gyferbyn ag oedd yn y dafarn, mynnodd i'r papur gynnwys cywiriad yr wythnos ganlynol. Nid o flaen y Commercial ond o flaen y Tabernacl!

Rwy'n siŵr na phwysodd Dai bwys dros naw stôn a hanner ar hyd ei oes. Ystyriaeth bwysig wrth redeg ceffylau i'w torri i mewn a'u dangos. Roedd o asgwrn ysgafn a chyhyrau cyn wytned â charrai'i esgidiau a chyn ystwythed â'r faneg hyd yn oed yn ei bymthegfed blwyddyn a phedwar ugain. Tociai'r gwrychoedd a phladuriai'r lawnt mor jecôs â'r dydd cyhyd â bod ganddo bibaid o Ringers i gadw'r gwybed i ffwrdd. Cap stabal, crys gwlanen a'r styden i gau'r coler os byddai braidd yn oer, trowser rib a sgidiau hoelion. Tua phump a saith efallai yn nhraed ei sanau. Ac yn nhraed ei sanau y gwelais ef fwy nag unwaith wrth ddigwydd taro i mewn. Siawns na rowndiai'r sgwrs, hwyr neu hwyrach, i gyfeiriad ceffylau neu ryw emyn-dôn arbennig ac yntau wrth rhyw dwt o gwmpas y tai ma's. 'Dere miwn eiliad, 'achan, fe'i wharia' i hi i ti'n awr.' Ac felly y byddai. Diosg yr esgidiau ac i lawr i'r gegin orau at y piano.

Bu'n cyfeilio i Jo Wernynad yn y cyfnod chwedlonol hwnnw ar ddiwedd y Rhyfel Mawr, a hwnnw'n canu'i benillion topical yng nghyngherddau'r croeso adref i'r milwyr. Penillion y mae'n rhaid mai Dai oedd yr olaf i'w cofio. O! na fuasai gennyf dâp ar yr adegau hynny! Ond 'dyw'r felin ddim yn malu…

Roedd cael sgwrs ag ef yn donic – a bwrw eich bod yn barod i neidio'n ôl dri chwarter canrif mewn un man a neidio ymlaen bron cymaint at ddigwyddiadau ddoe mewn man arall. Achos nid wrth y flwyddyn nac wrth y degawd chwaith y mesurai gwrs y byd eithr wrth ddigwyddiadau'r cyfnodau hynny. 'Rwy'n cofio, 'chan, pan ganodd Côr Tremain *Martyrs* am y tro cynta o'dd hi…' neu ''Na pryd o'dd hi, o'dd blwyddyn Pistyll Boy yn y Roial Welsh…' neu cyn amled â hynny, ''Sa i'n berffeth siŵr, na'i, ond rwy'n credu bod M.P. wedi bod 'ma ryw ddwy flynedd, falle…' Gweinidog Blaenannerch am dros hanner canrif oedd M. P. – M. P. Morgan.

Eithr na chreded neb mai Sabothyn trwynsych ydoedd. Serch ei hir dymor yn y Sêt Fawr, mae'n amheus gen i, hyd yn oed yn yr oes oddefol hon, a fyddai rhai o'i fabinogion yn dderbyniol mewn print. Priodasai'i dad am yr eildro wedi iddo golli'i fam – â llances ifanc tua hanner ei oed. A Dai, meddai'r sôn, yn gofyn i'w dad fore drannoeth: 'P'un ai i Joni 'mrawd neu fi ma' hon i fod, Bos?'

Rhai felly oedd hanesion ei hwyrddegau a'i flynyddoedd ysgyfala yn ŵr ifanc dibriod – oes wahanol iawn i'n hoes ni – cyn bod melltith afieithus ieuenctid yn troi yn droseddu difrifol llys barn. A phan oedd blaen troed y plisman yn dedfrydu ac yn gweinyddu cyfiawnder gyda'i gilydd.

Cofiai amdano ef a Joni'i frawd yn mynd i garu yng nghyffiniau Synod Inn – siwrnai gron o ugain milltir neu fwy, siŵr o fod. Ar feic y pryd hwnnw wrth gwrs. Cyrraedd a gwahanu i gartrefi'r ddwy feinwen a'r beiciau yn y clawdd y tu allan. Ond pan ddaeth y ddau'n ôl at ei gilydd i ddechrau'r ffordd am adre yn yr oriau mân, doedd dim sôn am y ddau feic. Llanciau Synod, mae'n debyg, yr un fath â llanciau pob ardal, yn dial ar rywrai'n dod o bell i ymhel â'r hyn a ystyrient yn eiddo iddynt hwy. Ac er chwilio ym mhob man, hyd yn oed rhwng yr ysgubau a'r stacanau mewn cae o ŷd oedd newydd ei dorri ar gornel y ffordd fawr ni ddaethant i'r glawr. Doedd dim amdani felly ond cymryd merch y crydd am adref, a chyrraedd, drwy drugaredd cyn bod Bos yn dod i'w galw i odro.

Benthyg dau feic arall rai nosweithiau'n ddiweddarach i fynd i fyny i chwilio ymhellach a chael bod y cae erbyn hynny wedi'i gywain yn helem urddasol ar bwys y bwlch. Ond dim beics. Roedd hi'n wanwyn eto cyn iddynt gael hanes amdanynt. Dyn y dyrnwr yn sôn fel yr oedd wedi dyrnu helem yn Synod Inn a chael hyd i ddau feic yn y sail!

Dro arall, a'r ddau wedi cael mynediad i'r un tŷ ffarm y tro hwnnw, a'r bos a'i wraig wedi hen gilio i'r llofft, roedd pethau'n datblygu'n ddigon addawol gyda'r ddwy forwyn. Ond yn sydyn, clywsant swn y staer yn gwichian a gwyddent bod rhywrai oddi uchod ar y ffordd i lawr. Bolltiodd Dai am y drws a ma's ag ef. Ond roedd Joni ym mhen pellaf y gegin a drws y staer rhyngddo ac allan. Drwy drugaredd roedd drws ymwared y llaethdy gerllaw, a thrwyddo ag ef am le i guddio. Yn y tywyllwch ni welsai unman ond y gwagle o dan y pedyll cerrig lle rhoddid y llaeth i hufenna. Ac i mewn ag ef i'r twll hwnnw gan bipio allan orau y gallai rhag ofn i rywun ddod i'r drws ar ei ôl. Clywodd glicied y drws yn codi, ac yn ei fraw trawodd ei ben yn y corcyn pren yn nhwll y llaeth sgim, a chan na fentrai'i ddangos ei hun bu'n rhaid iddo aros yn ei unfan a'r llaeth yn rhedeg i lawr coler ei grys a llenwi pocedi'i siaced a'i wlychu'n stecs tan i'r drws gau drachefn ac i'r staer wichian unwaith yn rhagor!

Eithr roedd ambell un o'i hanesion yn dipyn mwy rabelaisaidd. Ac adroddai gydag arddeliad ddisgrifiad un o'i gyfoedion o wraig yn Nhre-main a gâi'r gair o fod yn dra chynnes ei chroeso. 'Diawch, ma' Mari wedi cael digon o garu (nid dyna'r gair a ddefnyddiodd ef) i 'neud reilins o 'ma i Ben-llech-yr-ast!' Pwy fuasai'n meddwl, o flaenor!

Ond cofiai hefyd godi capel y Bedyddwyr ym Mlaenwennen Fach, a'r cyrddau mawr a gynhelid allan yn y cae gerllaw cyn hynny. Rhoddwyd y tir i godi'r capel gan berchen y cae hwnnw, ac fe'i codwyd yn cydio wrth dalcen y tŷ fferm, ac yntau wrth gwrs yn un o'r blaenoriaid. Fodd bynnag, yn ddiweddarach, o achos rhyw bechod neu'i gilydd, fe'i torrwyd allan o'r capel. Y capel yr oedd ef ei hun, yn anad neb, yn gyfrifol am ei godi! Ac am beth amser bu'n rhaid iddo eistedd wrth ei dân ar fore Sul yn ddibregeth a di-gân, a'r cyfan yn digwydd yn union yr ochr arall i'r wal, o fewn modfeddi iddo! A buan y setlodd y broblem. Bwriodd dwll drwy'r wal o'i ochr ef yn dod allan uwchben y pulpud yr ochr draw fel y gallai dderbyn y moddion heb symud o'i bentan!

Cyn i'r pwll bedydd presennol gael ei adeiladu arferid bedyddio yn y llyn ar y clôs. A phan welai'r hen ŵr y dyrfa'n dod i'r golwg i fyny rhiw Pant-gwyn ryw chwarter milltir i ffwrdd – dyna'r pryd y byddai'n troi'r hwyaid o'r dŵr! Meddai Dai Lewis 'ta p'un. Ac os celwydd, ei gelwydd ef ydyw.

Ychydig a wyddai llanciau o'm hoed i beth oedd difyrrwch ei ieuenctid ef. Peth cyffredin fyddai taro i glôs rhyw gymydog diniweitiach na'i gilydd wedi nos i greu rhyw ddrygioni, ac y mae i gythreuldeb erioed ei athrylith ei hun. I'r Cyttir yr aent fynychaf, mae'n debyg. A phinacl eu dyfeisgarwch oedd dod â'r gaseg allan o'r stabl a'i gwisgo, gwthio siafftiau'r cart rhwng asennau iet y clôs a bachu'r gaseg yr ochr arall fel bod yr iet rhyngddynt! A phan ddygwyd hwy i gyfri yn y capel y Sul wedyn, penderfynwyd y byddai'n rhaid dial ar y deiaconiaid yno hefyd. Casglwyd whilberi pawb ohonynt o'u tomennydd ar fore Sul cyrddau mawr, a'u gadael yn un rhes y tu allan i'r capel. Ac mae'n rhaid ei bod wedi bod yn olygfa werth ei gweld i wylio pwysigion bro, pob un yn ei fowler a'i grys-a-ffrynt barchus, yn gorfod olwynio'i gerbyd gwichlyd, budr adref o'r moddion!

Ond roedd hynny ers llawer dydd, er y gallech dyngu mai'r wythnos ddiwethaf ydoedd, gan mor fyw yr adroddai Dai'r hanes. Ymddeolodd o ffermio Trefere-bella ac yntau'n drigain. Ei lond o wynegon, meddai ef. A phan ddechreuodd ei chael hi'n anodd croesi'r rhewyn ar waelod y clôs â'u bwyd i'r moch yn eu tylcau'r ochr draw, roedd hi'n bryd ildio. Ddeng mlynedd ar hugain yn ddiweddarach roedd mor ystwyth â'r faneg. Digon i guddio pisyn tair o Ffynnon Salts ar y baned te'r peth cyntaf bob bore, mynte fe. Syrten ciwyr!

Ni welais erioed aeliau llygaid fel ei rai ef. Medrai adrodd stori â hwy. Crychai'i dalcen fymryn pan fyddai'n cael peth trafferth i ddilyn rhediad eich meddwl, neu pan soniech am rywbeth oedd yn ddieithr iddo, a'r ddwy ael yn tynnu ar i lawr nes bron cysgodi'r llygaid gleision, byw. Ond fel y torrai gwawr deall wele'r llenni'n codi i ollwng llond stafell o wên fry, a thair rhych o grychni yn rhedeg ar draws ei dalcen. Hwy oedd baromedr ei hwyliau a llinyn mesur ei afiaith. A ph'un bynnag, gwrando oedd eich busnes chwi.

Gydol pregeth y Sul, pwysai'n ôl yn y 'mahogani', chwedl ef, a'i wegil ar ymyl cefn y sedd yn hoelio'i sylw ar y gennad uwchlaw. Go isel fyddai'r aeliau fynychaf, ac am wn i na welid cysgod tywyllach cwsg, hyd yn oed, dros y glesni weithiau. Ond unwaith y codai ar ei draed a throi'n ôl at yr organ byddai'r aeliau ar eu huchaf. Ef oedd pia hi wedyn. Dyrchafaf fy llygaid, mewn gwirionedd.

M— a Mrs S—

Prin y gellid dychmygu dwy mor wahanol eu natur yn ffrindiau mor ddiwahân. Y naill yn ymataliol, ystyriol ei lleferydd, a rhyw arlliw bach, bach o fod yn rhywun gwell na'i gilydd yn ei hymarweddiad. Efallai fod y ffaith iddi gael ei hadnabod wrth ei henw priodasol (gan bawb ond M—) yn adlewyrchu hynny.

Roedd ei chyfeilles ar y llaw arall yn fwy ffwr-bwt ei ffordd, yn siarad yn blwmp ac yn blaen – hyd at fod yn briddlyd weithiau – a chydag ambell air mawr yn lliwio'i hymadrodd. Hwyrach bod cysylltiad cynnar y ddwy â theulu bonheddig Plas Glaneirw wedi dylanwadu'n hollol wahanol ar un ag a wnaeth ar y llall.

Merch i arddwr y plas oedd Mrs S—, felly mae'n siŵr ei bod wedi cyfathrachu cryn dipyn yn blentyn â'r Cyrnel a'i Ladi, ac â theuluoedd bonheddig eraill pan ddeuent i ymweld, a chael eu tywys i weld y gerddi ac yn y blaen. Naturiol, felly, fyddai i'r fechan drio efelychu'r rhai y tybid eu bod yn hufen cymdeithas.

Cadwai ei mam damaid o siop fach yn ei bwthyn yng nghanol y pentre – peth arall fyddai'n tueddu i'w chodi rhyw radd fach yn uwch na'r cyffredin. Ac o'r herwydd derbyniodd wersi piano yn ifanc iawn. Gwersi y cymerodd lawn fantais arnynt – achos roedd ynddi dalent gerddorol ddiamheuol. Digon dewisol fu hi ym mater cariadon yn ogystal, yn ôl y sôn, gyda'r canlyniad iddi, ymhen hir a hwyr, briodi rhyw hanner Sais. Rhywbeth rhyngddi hi a'r silff, fel petai. Ac o hynny ymlaen rhoddai wersi canu a cherddoriaeth i blant y cylch. A hynny nid heb gryn lwyddiant, gan i rai o'i disgyblion amlygu'u hunain ar lwyfannau ucha'r wlad, ac iddi hithau ddod yn aelod o'r Orsedd.

O Gilgerran yr oedd M— – yn enedigol – un o Sambrooks niferus yr ardal honno. Ac ys dywedai ei gŵr, er mwyn codi'i gwrychyn, 'Sambrook fyddet ti o hyd, oni bai i fi gymryd trugaredd arnat ti.' Daeth i Laneirw yn gogyddes, ond wedi marw o'r hen Ladi, a'r Cyrnel wedi byw rhai blynyddoedd ar ei ben ei hun a chymryd at y botel yn ormodol, lleihaodd nifer y staff nes iddi ddod yn rhyw fath o forwyn-pob-galw. A'r galw hwnnw, pan fyddai'r Cyrnel wedi bod ar sbri drymach na'i gilydd, yn medru bod yn ddigon budr, yn enwedig lle'r oedd ei wely yn y cwestiwn. Cafwyd barn y forwyn arno mewn geiriau lled groyw. 'Mae e'n galw'i hunan yn fishtir Glaneirw, ond diaaawch 'dyw e ddim yn fishtir ar dwll tin 'i hunan!'

Ymhen blynyddoedd, a'r ddwy erbyn hynny'n weddwon, ac M— yn y cyfamser wedi bod yn cadw Swyddfa Bost a siop y pentre, roedd yn naturiol i hen gyfathrach bore oes ailegino. Os cyfathrach hefyd. Achos perthynas y ci a'r hwch oedd hi fynychaf – o leiaf o ochr M—. 'Diaaawch, ma' Mari Ann lan ffor' hyn peth cynta'n y bore – ma' hi fel toili,' ys dywedai. Ac nid yn ei chefn yn unig chwaith! Yn wir, gallech dyngu wrth ei siarad mai Mrs S— oedd ei gelyn pennaf, ond gwyddech o'r gorau mai hi fyddai'r cyntaf i weld eisiau'r llall pe na ddeuai.

Fel y nesâi'r blynyddoedd blin, a Mrs S— efallai heb fod mor ofalus o'i hun ag yr arferai fod, yr oedd sefyllfa'r blynyddoedd cynnar fel petai'n cael ei gwyrdroi'n llwyr. M— erbyn hynny, oedd yr un ar ffon ucha'r ysgol, a Mrs S— ryw ychydig oddi tani. A châi wybod hynny hefyd. 'Diaaawch, Mari Ann, 'r ych chi'n frwnt – 'ych chi'n drewi! 'R ych chi'n gowir fel ych mam! A 'drychwch ar y basce sy'n ych sane chi. Chi bownd o fod yn mynd i'r gwely ynddyn nhw!'

'Na 'dw, M—, shwt allwch chi 'weud y fath beth?' 'Peidiwch ag ame â fi, Mari Ann. Diaaawch, ma'r twlle'r un man ag oedden nhw neithiwr!'

Ond prin y byddai'r haul wedi codi drannoeth na fyddai Mrs S— ar ei thaith hanner milltir i fyny'r ffordd at ei chyfeilles dafotrydd wedyn. A'r gyfeilles dafotrydd honno lawn mor awyddus, yn dawel bach, i'w derbyn ag y byddai hi i gyrraedd. 'Diaaawch, Mari Ann, 'ych chi am rwbeth i fyta? 'D ych chi ddim yn edrych fel taech chi wedi byta llawer ers pan fuoch chi 'ma ddiwetha.' Ac yno y byddai, i frecwast ac i ginio hefyd yn fynych.

Ond pan ddaeth y sôn bod yr Eisteddfod Genedlaethol i ddod i Aberteifi cafodd Mrs S— gyfle i geisio adennill peth o fri ei gorffennol a chael y blaen ar M—. Achos byddai'r Orsedd yn gorymdeithio yng ngŵyl y cyhoeddi. A bwriadai Alawes Erin fod yno, ac wrth gwrs dylai M— fod yno hefyd i'w gweld yn ei gogoniant. 'Odych chi'n dod i'r Cyhoeddi, M—, i 'ngweld i'n martsio?' 'Diaaawch, na 'dw 'te, Mari Ann. Gwdlydaleif, (hoff ymadrodd y Cyrnel slawer dydd) rwy'n eich gweld chi'n martsio digon lan ffor' hyn bob dydd.'

Eithr cafodd fartsio'i gwala yn Steddfod Machynlleth.

Cawsai'i chario i faes Llanwrin yn fore ar y Dydd Iau gan gymydog iddi, wedi trefnu gyda gwraig un o feirniaid y Gadair i gael ei chludo'n ôl i Fachynlleth mewn pryd i'w harwisgo ar gyfer yr Orsedd. Ond roedd y wraig honno rywfaint yn hwyr a phan gyrhaeddodd roedd yr orseddwraig wedi bod yn disgwyl yn y brif fynedfa ers peth amser – yn bryderus iawn, gellwch fentro, a phawb yn cael gwybod hynny. Roedd mwy nag un plisman, er mwyn cael llonydd ganddi, wedi cynnig ei dwyn yn ôl i'r ystafell newid yn y cyfamser – gan gynnwys yr Uwch Arolygydd ei hun. Ond na, nid oedd hyd yn oed urddas y swydd honno'n ddigon i orbwyso'r anrhydedd o fod yng nghar BEIRNIAD.

Yr un cymydog a'i wraig fyddai'n ei chario hi a M— i siopa yn Aberteifi. Ond ni chychwynnai'r daith heb gael pwyllgora ynghylch y peth – a hynny heb erioed gyrraedd unfrydedd. Pa bryd i ddechrau'r ffordd, beth oedd ei angen, pryd i ddod 'nôl ac ati. A gydol y daith byddai'r ddwy yn y sedd ôl yn hewian ar ei gilydd yn ddi-ben-draw. Fwy nag unwaith gwelwyd eu cymydog consernol yn trio cynorthwyo'r ddwy hen wraig i groesi'r stryd yn nhraffig y dref, ac yn gwasgu botwm y groesfan, ond tra byddent hwy yn dadlau â'i gilydd p'un ai i groesi ai peidio byddai'r dyn bach gwyrdd wedi hen ildio'i le i'r coch, a hwythau'n eu hunfan. Ond mynnai M— eu bod yn cael 'lwnsh' (dylanwad y Cyrnel eto) gyda'i gilydd cyn troi am adref.

Daliai merch M— swydd gyda Chymdeithas y Spastig – hi oedd trefnydd ardaloedd De Cymru – ac yn naturiol dymunai ei mam wneud popeth a fedrai i'w helpu. Byddai'n rhoi blychau casglu mewn siopau a thafarnau y tybiai y byddent yn cydymdeimlo â'r achos, ond gan ei bod yn ddibynnol ar eraill i'w chludo i'r mannau hynny golygai hynny gryn drafferth yn fynych. Hwyliai i mewn i dafarn orlawn a'i ffon a'i chlogyn y peth tebyca erioed i'r hen Nain honno yng nghartwnau Gren, gan wthio'i ffordd drwy'r dorf i'r fan lle byddai rhywrai caredig wedi gwneud lle iddi. Ond nid cynt nag y byddai wedi'i rhoi'i hunan yn gysurus (a phawb arall i bob math o drafferth) nag y gwelai siawns am fusnes. 'Diaaawch, ma' hwn yn lle da i focs y Sbastics,' gan wthio'i ffordd drwy'r un dorf eilwaith i fyny at y bar i daclo'r perchennog. Ac ni feiddiai hwnnw chwaith ei gomedd.

Y Go' Bach

Mae'n ystrydeb gennym bod hwn a'r llall â'i
wybodaeth 'ar flaenau'i fysedd'. Mae yna rai hefyd
sydd â'u dawn ym mlaenau'u bysedd. I'r ail ddosbarth y
perthynai ef. Ond nid ei faintioli a enillodd iddo'i deitl –
achos er ei fod yn fain a llwydaidd ei wedd, safai'n agos i
chwe throedfedd o'i sawdl i'w gorun – eithr yn hytrach i
wahaniaethu rhyngddo ac Arthur, y Go' Mawr. At hwnnw
yr aeth yn brentis wedi gadael yr ysgol – ac yr oedd hynny
cyn gynted byth ag yr oedd yn gyfreithiol iddo wneud,
gellwch fentro.

Roeddem ni'i gyfoedion wedi sylwi'n gynnar ei fod
rywfaint yn wahanol. Yn un peth, fe gyrhaeddai'r dosbarth
tua hanner awr yn hwyrach na phawb arall – a rhoddai
Mishtir lonydd iddo. Yn beth arall, pan fyddai gennym
geiniog neu ddimai i'w gwario yn siop Mari Parri, sherbet
neu licrish (spanish yn ein hiaith ni) fyddai'r dewis fel
rheol. Ond ei ddewis ef fyddai *Shippman's Meat Paste*.
Chicken and Ham, fynychaf, gan ei gawio o'r potyn â blaen
ei fys, er bod y danteithyn hwnnw gryn dipyn yn ddrutach
na'n melysion ni. Daw'r rheswm dros hynny'n amlwg yn
y man.

Sylwasem hefyd fod ei ddwylo rhywfaint yn wahanol i
rai'r rhan fwyaf ohonom. Yn un peth roeddent yn fwy, ac

fel pe buasent yn rhyw hanner cau. Mae'n debyg bod rhyw wendid cynhenid yn rhai o'r teulu fel na fedrent agor eu bysedd allan yn hollol syth, gyda'r canlyniad y byddai'r llaw ar ffurf rhyw hanner lleuad yn wastadol. Ond dwylo a fedrai gau yn bâr o ddyrnau digon egr yn awr ac yn y man, serch hynny. Ac yn ogystal, pan gaem y gorchymyn *'stand up, heads back, hands down'* i sefyll wrth ein desgiau a'n breichiau wrth ein hochrau – ar gyfer ymweliad rhywun pwysig er enghraifft – byddai ei ddwylo ef rywfaint yn is na rhai pawb, achos roedd ei freichiau fel petaent braidd yn hir i'w gorff.

Arferai ddal a gwerthu cwningod bron ers pan ddaethai allan o'i gewyn, am wn i. Maglu, ffureta, neu saethu, doedd waeth beth. Achos yr oedd hyd yn oed wedi dod i ben â pherchnogi rhecsyn o hen ddryll ffôr ten cyn bod llawer ohonom wedi trio'n Woodbine gyntaf. Wrth gwrs, doedd y dryll hwnnw ddim yn tanio pan gafodd afael arno – dyna'r unig reswm y caniatawyd iddo'i gadw, mwy na thebyg. Yn wir, nid oedd fawr mwy na baril yn delpyn o rwd, *breech* yr oedd pob darn ohono wedi hen gloi, a stoc bron yn cwympo'n ddarnau. Ond ym mhen dim yr oedd ef wedi'i lanhau drwyddo a thrwsio ac ystwytho mecanyddwaith y triger. Mae'n wir iddo orfod gofyn cymorth y Go' Mawr i ffitio'r stoc a gwneud pin tanio newydd, ond fe'i cafwyd i weithio, a chyn pen fawr o dro cwympodd ei wningen gyntaf ag ef.

Felly byddai ganddo, yn ddyddiol bron, wningen neu ddwy i'w gwerthu i Frances Annie, a fyddai'n eu derbyn ar ran prynwr a alwai ryw unwaith yr wythnos, ac o ganlyniad fwy o bres poced na'r gweddill ohonom i'w wario yn siop Mari Parri. Ni synnwn i ddim, chwaith, nag y manteisiai

Mishtir ar y ffynhonnell hon o gig ffres (am bris gostyngol, wrth reswm, neu hyd yn oed am ddim weithiau). Beth bynnag, roedd ffafr o'r fath yn sicr yn haeddu rhywfaint o lacio ar reolau prydlondeb yn y boreau. Wedi'r cyfan roedd angen rhyw hanner awr o bardwn i fynd i edrych y maglau ar y ffordd i'r ysgol, on'd oedd!

Ac mae'n siwr, hefyd, bod Mishtir wedi hen sylwi nad oedd ei ddisgybl yn or-hoff o wersi, ac mai gwastraff amser ac egni, mewn gwirionedd, oedd ymlafnio i roi iddo addysg ffurfiol. Wedi'r cyfan yr oedd o'r dechrau wedi dangos bod ganddo'r modd i ennill ei fara beunyddiol – a thipyn bach dros ben. Felly o dipyn i beth dyfeisiwyd rhywbeth mwy cydnaws â'r dalent oedd yn ei ddwylo i lenwi'i oriau yn yr ysgol. Ef fyddai'n edrych ar ôl y stôf. Yn wir, gan mor drylwyr y daeth i adnabod cnaciau a thriciau'r ffwrn oriog honno fel y daeth yn ddealladwy nad oedd neb arall – hyd yn oed Mishtir ei hun – i ymhel â hi.

Ar honno y byddid yn paratoi'r cawl a gaem i ginio, ac y cyfrannem rhyw geiniog y dydd i brynu'r cig ar ei gyfer. (Yn rhyfedd ddigon, ni chofiaf i ni erioed gael cawl cwningen, chwaith!) Dôi'r llysiau a'r tatws naill ai o ardd yr ysgol neu fel cyfraniadau gan wahanol ardalwyr. Stôf baraffîn ydoedd, ym mhen pella'r Rŵm Bach, ac iddi ddwy simne enamel glas a dau babwyr crwn, gyda ffenest fach wydr er mwyn cael cadw golwg arnynt. A'r gamp fawr fyddai cael y ddau babwyr i gynhyrchu fflam o'r un maint â'i gilydd. Yn awr ac yn y man, am ryw reswm, troai un o'r fflamau o las i felyn, a byddai mwg du'n torchi o'r simne a fyddai'n ddigon i ollwng haenen o dropas dros yr holl ystafell, a byddai'n rhaid gweiddi am gymorth Vincent (nis bedyddiwyd â'i lysenw tan iddo adael yr ysgol) i adfer trefn ar bethau.

Felly yn union wedi cinio – neu wedi dod i mewn o chwarae hanner dydd i fod yn fanwl – byddai'n datgymalu'r pibau olew a'r pabwyrau, yn wir popeth y medrai'u datgymalu, a'u glanhau a'u hail-roi wrth ei gilydd, gan ofalu gorffen erbyn pedwar o'r gloch. P'un ai a oedd gwir angen y doctora mynych hyn sy'n beth arall.

Cyn pen fawr o dro wedi gadael yr ysgol fe'i prentisiwyd gydag Arthur yn efail Blaen-porth, lle dysgodd bedoli ac yn y blaen, a dod yn weldiwr yr oedd sôn amdano. Yna cymerodd efail Sarnau, ond yr oedd yn adeg machlud oes y ceffyl a mecaneiddio yn cyflym ennill tir. Roedd wedi graddio o feic i fotobeic erbyn hynny, wrth gwrs, ac yn eu tro wedi tynnu'r rheiny ar led o bryd i'w gilydd i'w hatgyweirio. A dyna fu'i ddull o addysgu'i hunan ar hyd ei oes. A'r rhyfeddod yw, fel y byddai technoleg ceir a thractorau yn newid a moderneiddio, ei fod ef yn medru cadw i fyny â'r datblygiadau diweddaraf, er mai prin y medrai ddarllen unrhyw gyfarwyddiadau ysgrifenedig. Datgymalai'r dwylo ceimion hynny ddarnau cymhleth manion carbyretor a deinamo cyn dynered â bysedd unrhyw lawfeddyg, a'i ddawn reddfol yn canfod y nam arnynt ar fyr dro.

Bu'n aelod o'r Clwb Ffermwyr Ieuanc am ryw dymor, yn bennaf am fod yn y rali'r flwyddyn honno gystadleuaeth ofia. Ailblatio cyllell peiriant lladd gwair. Disgwylid i'r gofiaid ifanc dorri'r rifetau a ddaliai'r platiau wrth gefn y gyllell â gaing galed a morthwyl, ac yna ailosod platiau newydd a'u rifetio'n eu lle. Ond synnu fyth ar synnu a wnaeth y beirniad pan welodd y Go' Bach yn mynd ynghyd â hi. Gwasgu cefn y gyllell â'i law chwith ar gongl pig yr eingion a chythraul o ergyd i gefn y plât â'r morthwyl trwm a byddai'r ddwy rifet yn torri fel coesau matsus. Rifet newydd yn y twll ac un ergyd â'r ordd a byddai'r plât yn ôl yn ei le. Dull Arthur Go' Mawr ym mhrysurdeb gwasgfa cynhaeaf gwair oedd dull Go' Bach, nid rhywbeth fyddai'n edrych yn bert ac yn cymryd amser!

Ymhen rhyw flwyddyn neu ddwy symudodd yn ôl i Flaen-porth, i hen fwthyn bach dau ben o'r enw Blaen'resgair, cwbl anaddas i redeg unrhyw fath o fusnes ohono. O ganlyniad byddai'n gorfod gwneud ei holl atgyweirio, ac yn y blaen, allan yn y tipyn cwrt o flaen y tŷ. Gweithiai'n anhygoel o galed – bob awr o'r dydd saith diwrnod yr wythnos. Achos roedd erbyn hynny'n berchen bws, gyda chontract i redeg gweithwyr i'r gwersyll yn Aber-porth a phlant i Ysgol Aberteifi yn y bore, ac ambell daith gydag Aelwyd yr Urdd yn Aber-porth gyda'r nos. Aeth unwaith â bysiaid o blismyn, hyd yn oed, i'w cinio blynyddol heb fod ganddo lesens ar ei fws. Mae'r dull a ddefnyddiodd i dwyllo'r rheiny mor gyfrinachol fel y gallwn gael fy nghyhuddo o fod yn *accessory after the fact* petawn yn ei ddatgelu.

Chwaraeai yr un mor galed, dybiwn i. Achos bu mwy nag un cywely'n rhannu'i garafán, a'r epil yn cael eu magu yn nrôr isa'r cwpwrdd tan y dôi'r nesaf i gymryd ei le. A rhwng ei agwedd ddidoreth ef tuag at lyfrau cyfrifon ac yn y blaen, nid yn anaml yr âi yn ddrwg rhyngddo ef a dynion y dreth incwm.

Galwodd un ohonynt yno ryw ddiwrnod mewn anferth o gar yn gas briff a het fowler ac yn bwysigrwydd i gyd. Mater rhifedi'r plant yr hawliai'r gof ostyngiad treth arnynt oedd asgwrn y gynnen, mae'n debyg. Mynnai ef fod llawn cymaint o gadw ar blant gordderch ag ar rai cyfreithlon, tra daliai'r gŵr bonheddig nad eu cyfreithlonder oedd y pwynt, ond eu nifer. Poethi'n raddol a wnaeth pethau nes o'r diwedd bu'n rhaid i swyddog Ei Mawrhydi gilio wysg ei din i ddiogelwch ei gar a'r gof yn ei ddilyn gan chwifio'r morthwyl triphwys o gwmpas ei ben.

Ac eto i gyd, y gŵr garw'i iaith a'i foes hwn oedd yr un y mynnai'r Parch Tegryn Davies ei gael i gywain diniweitiaid Aelwyd yr Urdd o gwmpas i'w mynych gyngherddau. Yn wir, pan alwodd y gweinidog arno yn ddirybudd rywdro, clywai hwnnw ef yn gweiddi ar ryw grwtyn ifanc oedd yn gweithio gydag ef ar y pryd am estyn rhyw dwlsyn neu'i gilydd iddo – a hwnnw wedi estyn yr un anghywir. 'Diawl, wyt ti fel ganed di – ond bod mwy o flew arnat ti!' Roedd yr awyr yn las o'r geiriau mawr pan sylwodd y gof ar y gŵr parchedig yn y drws. Ymddiheuriadau ar unwaith wrth gwrs, 'O, mae'n ddrwg 'da fi, Mr Davies,' ac yn y blaen. 'Weles i mono chi'n sefyll fan'na.' 'Popeth yn iawn, 'achan,' atebodd hwnnw. 'Ma'n rhaid i chi siarad â fe yn yr iaith ma' fe'n 'i deall!'

Ond roedd Blaen'resgair yn hollol anaddas at ei ofynion. Byddai allan ym mhob tywydd yn gwlychu a sychu bob yn ail, a heb unman cyfleus i'w holl offer. A phan ddaeth Garej Gogerddan yn rhydd cymerodd honno. Bellach roedd ganddo do uwch ei ben a lle hwylus i weithio ynddo. Lledodd y sôn amdano ymhell a deuai cwsmeriaid ato o bobman, yn enwedig y rhai yr oedd eu problemau mecanyddol wedi mynd yn drech na phawb arall. A hyd yn oed pan gâi broblem na welsai un debyg erioed o'r blaen byddai'r cyfuniad o'r ymarferol a'r chwilfrydig ynddo yn ei datrys yn amlach na pheidio.

Pan alwodd ymwelydd o Americanwr yno mewn car oedd bron gymaint â hen fwthyn Blaen'resgair i gyd â rhyw broblem ynglŷn â'i glyts, trefnodd y gof y byddai'n rhaid ei gadw yno am ryw wythnos drwy wneud rhyw esgus am yr anhawster o ddod o hyd i bartiau a hithau'n wyliau, neu ryw reswm tebyg. Medrai'n hawdd fod wedi'i drwsio mewn prynhawn, ond yr oedd am gael amser i astudio dirgelion electroneg y lefiathan modern hwn.

Digon prin oedd ei Saesneg, fel y byddid yn ei ddisgwyl, ond eto i gyd roedd yn ddigon da i'w gario i berfeddion Manceinion i mofyn boeler anferth a brynasai lladd-dŷ lleol yno yn ail-law. Pum tunnell o ddur a chymhlethdod technegol na allai fod wedi gweld dim o'r fath o'r blaen. Fe'i datgymalodd, ei symud, a'i ailgodi yn Nhan-y-groes heb gymorth neb ond ei fab hynaf, pan nad oedd hwnnw ddiwrnod yn hŷn na deg oed.

Yr oedd yn gyfuniad rhyfedd o ddawn ymarferol yr hen ofiaid a dawn fecanyddol technoleg fodern. Pan alwodd cyfaill ysgol iddo â chogen hen gloc wyth wedi colli rhai dannedd i'w hatgyweirio asiodd ddarn newydd o bres wrthi (ac nid pawb fedrai asio pres, heb sôn am rywbeth cyn faned ag olwyn perfedd cloc) a llunio dannedd newydd iddi â ffeil llaw. Cymerodd oriau iddo, mae'n rhaid, ond roedd goresgyn y sialens yn werth llawer mwy nag unrhyw bris a gâi am y gwaith.

Dro arall roedd yr un cyfaill ysgol yn ei wylio'n trio adnewyddu piben egsost rhyw gar neu'i gilydd, a honno'n un go anarferol ei siâp. Roedd ynddi o leiaf bedwar tro ar wahanol onglau, a bwriadai'r gof lunio piben newydd a'i weldio yn ei lle. Y broblem fyddai plygu'r biben i'r union onglau angenrheidiol, a holodd y cyfaill iddo sut y bwriadai wneud hynny.

'Wel diawl,' meddai'r Go' Bach, 'gwêd di – ti gas ysgol!' Ac aeth ymlaen i lifio'r biben ar ongl o tua hanner sgwâr ac yna troi toriad y ddau ddarn i gwrdd â'i gilydd nes cael yr ongl a ddymunai a'u weldio'n ôl! Roedd gweld ynddo, ys dywedwn ni.

Parhau hefyd a wnâi ei helyntion carwriaethol. A rhwng y rheiny a chymhlethdod cyfrifon ei fusnes buont yn ddigon iddo gael gwŷs i ymddangos o flaen Comisiynydd y Dreth Incwm yn Hwlffordd. Ac aeth â chyfaill o ŵr busnes lleol gydag ef yn lladmerydd. A bu'n dda iddo hynny, achos prin y deallai Saesneg y gŵr pwysig. Dechreuwyd yn ddigon hyderus, ac yntau'n medru ateb cwestiynau ynglŷn â'i enw a'i oed ac yn y blaen yn weddol rugl, er iddo orfod gofyn i'w gyfaill beth oedd *residence* yn ei olygu. Ond pan symudwyd ymlaen at fanylion ei 'wraig' gyfredol ni bu pethau lawn cystal. 'What is her name in full?' gofynnai'r holwr. A bu'n rhaid i'r gof droi at ei gyfaill o gyfieithydd. 'Beth mae e'n 'i feddwl nawr?' 'Gofyn y mae e',' meddai hwnnw, 'Beth yw enw Mari'n llawn.' 'Wel, diawl, 'achan,' atebodd y gof, 'Mari yw hi p'un a yw hi'n llawn neu beid'o!'

J. O. E.

Bydd y rhan fwyaf ohonom yn medru gwahaniaethu rhwng y dychymyg a realiti, rhwng y ffeithiol a'r ffansïol. A phan fo dyn yn methu â gwahanu'r ddau mae ar y ffordd naill i fod yn athrylith neu yn rhywbeth arall, a'r byd fynychaf yn camgymryd y naill am y llall. Wedi'r cyfan, roedd rhai'n amau mai ffyliaid oedd Galileo ac Isaac Newton hefyd, heb sôn am y brodyr Grimm ac Edward Lear! Neu, i ddod â'r peth yn nes adre, 'Nid yw pawb yn gwirioni'r un fath,' ys dywedodd un o'n poëtau. Ond wedyn, mae Jacob 'y breuddwydiwr', ac Esau 'yr hwn a lafuriai yn y maes', ynom i gyd.

A dyna, mi gredaf, grynhoi prif nodweddion y gwrthrych i un paragraff. Ei ddiddordeb ym mhethau dyfna'r cread, ei allu i ysgogi'r rhamantaidd mewn eraill, a'i ymlyniad at y pulpud. Tri phen, sylwch, ond heb fod neb yn rhyw siŵr iawn beth i'w wneud ohonynt yn y diwedd!

Achos maen nhw'n dweud bod rhywun a fagwyd gan ei fam-gu fynychaf rywfaint bach yn ots. Pan yw'n galw'i nain yn 'mam', a'i fam yn Lisi Ann neu rywbeth felly fe ellwch fentro ei fod yn gweld y byd drwy lygaid gwahanol, heb sôn am gymhlethu pethau ynglŷn â'i gart achau. Yn enwedig pan fo ganddo frodyr a chwiorydd digon normal.

Felly pan yw'n bwrw iddi i sôn am droeon ei yrfa a dwyn

i gof ryw storiâu o'i slawer dydd yr unig beth i'w wneud yw eu derbyn am eu gwerth. Oherwydd bydd yr hyn a ddigwyddodd ddoe yn swnio fel be bai wedi digwydd ganrif yn ôl a *vice versa*. Sy'n gwneud i ddyn feddwl faint yn union yw oedran y Methwsela hwn. Ond mae'n rhaid nad wrth gyfyngiadau calendr ac almanac y bydd meddyliau fel yr eiddo ef yn gweithio.

Bydd ei atgofion yn dechrau tua hanner canrif cyn ei eni, ac o hynny tan iddo ddechrau'r ysgol ni ellir cael cadarnhad dibynadwy o'i bererindod. Braidd fel bucheddau rhai o'r saint! Mae'n siŵr ei fod, fel y rhan fwyaf o blant dynion, wedi llenwi ei gewynnau, wedi sgrechian am sylw, wedi gwrthod bwyta'i gabej ac wedi gwneud yr holl bethau bychain hynny fydd yn troi pawb ohonom, gyda lwc, yn fodau dynol yn y diwedd. Eithr prin yw'r dystiolaeth am y manion hynny.

Gadewch i ni felly ganolbwyntio ar ei hanes wedi iddo ddechrau derbyn – i raddau mwy neu lai llwyddiannus, ac yn anfoddog iawn mae'n siwr – ei ddisgyblu yn ysgol Penmorfa. Dywed ei hen athrawes, sydd eto'n fyw ac yn barod i dyngu *affidavit* pe byddai angen, nad oedd, yn ôl unrhyw safonau, wedi disgleirio yno. Oddieithr ym meysydd cneua a rhwygo tin ei drowsus, hwsmonaeth defaid a phryfocio tarw Ffynnonfadog. Dywedir mai â dau ddisgybl yn unig y methodd Ivor Isaac, yr athrylith hwnnw o brifathro, yn llwyr â hwy yn ystod ei holl yrfa. Dai Cole a Glyn Pen-lan. Mae'n rhaid, felly, i ni gyfri I. O. E. ymhlith ei lwyddiannau, neu o leiaf yn un o'i fethiannau mwyaf gogoneddus. Oherwydd ym mlwyddyn arholiad ei ddosbarth i geisio mynediad i'r Ysgol Ramadeg yn Aberteifi, ef ac un arall oedd yr unig rai na roddai'r prifathro obaith iddynt. Nhw oedd yr unig ddau i lwyddo hefyd!

A rhywbeth yn ddigon tebyg fu'i hanes yn yr academi uwch. Rhyw fynd gyda'r llif, gan drio cadw'i draed yn sych orau y medrai. Prin oedd ei ddiddordeb, yn ôl ei dystiolaeth ef ei hun, mewn aml bwnc, a phan geisiodd athrawes arbennig o amyneddgar rywbryd alw sylw'r breuddwydiwr bach yn ôl o'r rhyfeddodau y tu hwnt i'r ffenest at ryw fanion dibwys fel damcaniaethau Pythagoras, cafodd ateb syfrdanol o onest, 'Miss, 'sena i'n gwbod fowr am y pethe 'na, ond 'taech chi'n gofyn i fi am y gaseg Blac 'nawr, falle gallwn i'ch helpu chi!' A'r canlyniad, cwbl annheg wrth reswm, fyddai adroddiad anffafriol y *Non-Satis Card*. Dwy o'r rheiny mewn mis ac nid oedd ond un peth amdani – ymweliad ag ystafell y Prifathro. Ond beth wnaech chi â rhywun yn cael dwy yr wythnos?

Felly fe ddaeth yn weddol gyfarwydd â Mr Tom Evans, M.A. Disgyblwr trylwyr, a dweud y lleiaf. Ond chwarae teg i hwnnw, ym misoedd yr haf beth bynnag, fe gaech ddewis eich cosb ganddo. Y gansen neu *back at four*. Hynny yw eich cadw'n ôl wedi'r ysgol i chwynnu'r ardd neu ryw orchwyl tebyg. Nid oes chwynnyn i'w weld o gwmpas trigfan I. O. E. hyd y dydd heddiw! Nid oes yno ardd!

Yna, un nawn arbennig tua diwedd mis Mai, a'r pechadur ifanc wrth ei benyd arferol, wele'r Prif ei hun yn ymddangos â phladur ar ei gefn yn barod i dorri porfa rhyw ddarn o lawnt. A 'Boy, come with me,' fu hi. I gasglu'r borfa ar ei ôl, mae'n debyg. Ond daeth yn amlwg yn fuan naill ai nad oedd y pladurwr yn gyfarwydd â hogi, neu â'r bladur. Rhyw sbaddu'r borfa i fyny tua'r trydydd cymal a wnâi. A phan gymerodd hoe i danio ffag cydiodd y llanc yn

91

y bladur a'r garreg hogi yn ymyl, a chydag osgo rhywun a fu wrthi o'r blaen, cododd arni fin y medrech siafio â hi, fel y'i dysgwyd i wneud gan ei dad-cu. Aeth ymlaen i ladd ystod neu ddwy, a'r sofl ar ei ôl cyn foeled â thin babi. A synnu yn ddirfawr wnaeth y gŵr dysgedig. Y diwedd fu i'r I. O. E. droi'n athro a'r T. E. yn ddisgybl, ac aeth y si ar led i hwnnw fynd cyn belled â chynnig ffag i'w hyfforddwr hyd yn oed – a hynny yn Gymraeg!

Ac yn nghyflawnder yr amser, pan ddaeth yn bryd i'r pladurwr ifanc roddi cyfrif o'i oruchwyliaeth yn arholiad y C. W. B., ni wnaeth ond torri'i enw yn ei sgrifen orau ym mhen uchaf ei ddalen ateb, dodi'i ffownten pen yn ofalus yn ôl yn ei boced frest, plethu'i ddwyfraich ac eistedd yn ôl i ddisgwyl cloch yr ymryddhad. Dwyawr ddiflasaf ei fywyd, meddai ef. A llyna derfyn y gainc honno.

Braidd yn niwlog yw hanes y blynyddoedd rhwng yr arddegau hwyr a'r ugeiniau cynnar. Yn ddigon naturiol, achos busnes y cysgodion yw llawer iawn o weithgareddau'r cyfnod hwnnw, yntê. Adrodd mewn ambell steddfod, ennill mewn ambell un hefyd – gan amlaf pan na fyddai'r beirniad o'r safon uchaf – hebrwng hon a'r llall adref (nid gyda'i gilydd) a chael ei hebrwng adre'i hunan weithiau gan rywun saffach ar ei draed nag ef. Ambell bowt o'r hyn a ystyrid yn felltith yn yr oes honno, ond a fyddai'n fater polîs heddiw. Rhai ohonynt yn dal ar gof hefyd. A chan mai gan *'person or persons unknown'* y cyflawnwyd y drygau bach hynny, er mwyn esmwythyd cydwybod o ystyried ei alwadau Sabothol erbyn heddiw, mae'n dymuno ar i mi ddatgelu cyfrinachau rhai o'r achosion na chafodd eu datrys yn y blynyddoedd a fu.

Dyna i chi'r salwch anghyffredin ac annesboniadwy

hwnnw a drawodd Jinian, ei chwaer fach slawer dydd, a'r doctor yn methu ag amgyffred beth oedd arni. Mae'n wir iddi ddod drosto ymhen rhyw dridiau, ond roedd ei brawd hŷn yn rhy ifanc ar y pryd i werthfawrogi'r ffaith nad *Castrol XX* o big y can oel yw'r bwyd gorau i faban blwydd!

Neu'r gwin hwnnw a flasai'n hynod o debyg i ddŵr cyrens ar dafodau rhai o selogion Eglwys Pen-lôn-moch rai blynyddoedd yn ddiweddarach. Dyna'n union ydoedd – dŵr cyrens. Wedi'r cyfan, os oedd rhywrai wedi gwacáu'r poteli o'u gwin, y peth lleiaf y medrent ei wneud oedd sicrhau bod rhywbeth ynddynt ar gyfer cymun y Sul wedyn!

Ac er nad efe fu'n llwyr gyfrifol bod dillad isaf hen wraig Llaingota wedi diflannu o'r lein un noson, roedd yn rhannol gyfrifol iddynt gael eu darganfod y bore wedyn yn harddu pen ôl yr asyn! Ac mae bod yn *accessory after the fact* yn drosedd lawn mor ddifrifol yn y pen draw!

Ond ys dywed y pennill hwnnw, 'Y mae'n bryd, ydyw myn brain, diwygio wedi'r deugain'. Ac wedi iddo fod yn cellwair â'r rhyw deg am rai blynyddoedd daeth o hyd i rywun digon diniwed i'w briodi. Ac mae dwy fersiwn i'r 'dod o hyd' hwnnw. Un yn dweud iddo fynd i lawr i draeth Ceinewydd ar brynhawngwaith teg o chwi wyddoch be', a'r tywod yn llawn dop o ddieithriaid, ac yntau'n baglu dros bâr o goesau hirion, deniadol a phâr o lygaid gleision a gwallt melyn yn y pen arall. Ac nid oedd yr hyn a gydiai'r ddau ben wrth ei gilydd yn ffôl o gwbwl, chwaith! Ymddiheuro, ac yn y blaen. Ac yn y blaen!

Mae'r fersiwn arall rywfaint yn fwy rhamantus, ac o bosib o'r herwydd rywfaint hefyd yn llai tebyg o fod yn wir. Criw o adar y Sarnau yn mynd i mewn i dafarn, yn y

Ceinewydd eto, ac yn tynnu siarad â rhyw ymwelwyr o Benarth. Eglwyswyr parchus yn lletya mewn carafán. Cael gwahoddiad yn ôl i'r garafán yn hwyrach yn y nos, ac I. O. E. gan ei fod yntau'n berchen carafán ei hun, yn eu gwahodd i aros yn honno yn yr ydlan os byth y deuent i'r parthau hyn drachefn. *Reciprocity*, ys dywedodd Waldo. Ac er mawr syndod iddo – y benfelen yn cytuno. Datblygu wedyn yn llythyra nes o'r diwedd i bethau droi yn ymweliad â Phenarth.

Ond yr oedd anawsterau ynghlwm â thaith o'r fath. Yr oedd ganddo fodd i'w gludo, mae'n wir – hen fan a wnâi'r tro yn iawn i gasglu cwningod a mynd ag ambell oen i'r mart a phethau felly, ond na fu erioed ymhellach na phont Caerfyrddin. Mwy na hynny, nid oedd yn berchen pyjamas – dyn crys nos oedd ef! Eithr mae serch yn trechu popeth, medden nhw, a goresgynnwyd y drafferth honno drwy fenthyca pâr Elis y Siop. Felly mentrwyd arni. Cyrhaeddwyd Llandysul yn ddiogel – ac yna nogiodd y fan. Ond roedd garej Dai Cole wrth law, ac ynddi Jagiwar ar werth. Heb fod fawr iawn gwell na'r hen fan mewn gwirionedd, ond o leiaf roedd yn mynd, ac roedd delw'r anifail rheibus ar y bonet yn mynd i agor pyrth lawer yn nes ymlaen.

Gyda chymorth parod plismones o gydnabod a ddigwyddai fod o Frongest gerllaw, ac a synnai gymaint at y gyrrwr ag at foethusrwydd ei gerbyd, cyrhaeddwyd Caerdydd a man yr oed â'r feinwen, ac oddi yno i Benarth yn ddidramgwydd. Sefydlwyd Casanofa yn yr ystafell sbâr (nid oedd yr oes honno mor oddefol â'n hoes ni) a thynnodd y noson yn ei blaen yn ddigon hwylus i'r noswylio. Stafell braf, gwely cyfforddus – a phyjamas. Ond buan y cododd trafferthion. Y pyjamaas. Gan fod Elis y Siop rywfaint yn fwy o gorff ac yn braffach o goes na'n harwr tueddai'r rheiny i redeg i fyny'i goesau nes tynhau'n anesmwyth braidd o gylch ei fforchog. Felly doedd ond un peth amdani – pâr o glips trowser reidio beic a ddigwyddai fod ganddo yn ei fag i gadw'u godreon wrth ei figyrnau! Ac os esmwyth cwsg cawl maip, esmwyth hefyd cwsg pyjamas cyfforddus!

Ond roedd gwaeth i ddod fore drannoeth. Rai diwrnodau cyn cychwyn ei daith roedd I. O. E. wedi cael anaf digon dwfn â chyllell boced ar ei fawd chwith, ond, fel y rhan fwyaf ohonom, heb wneud fawr o sylw ohono a chario ymlaen â'i orchwylion – yn eu plith sgrafellu a brwsio'r gaseg yn y stabl. A mwy na thebyg bod llwch a baw wedi gwenwyno'r clwyf. Ac er rhwymo tipyn o gadach amdano, erbyn dechrau'r ffordd roedd y llaw'n dechrau chwyddo. Erbyn y bore ym Mhenarth roedd yn ddwywaith ei maint a phoen yn cyrraedd o dan y gesail. Roedd yn fater ysbyty.

Wrth gerdded yn ei ôl oddi yno gwelai wraig yn arwain ci bach Pecinîs yn dod i'w gyfarfod – neu ast i fod yn fanwl – a honno'n amlwg yn boeth, 'waeth roedd anferth o Alseshan yn ei chanlyn yn glòs mewn llawn hyder ffydd. A hwythau bron gyferbyn ag I. O. E., er mwyn arbed yr un bach plygodd y wraig a'i godi i'w chôl a chwerwodd hynny'r ci mawr. Neidiodd am y wraig a neidiodd I. O. E. i'w harbed hithau a chnowyd ef yn ddifrifol yn ei ysgwydd. Ac yn ôl ag ef i'r ysbyty'n syth!

Eithr fe wellodd mewn pryd i'w briodas a chymryd wâc laeth yn fuan wedyn. Ond er gwaetha'r ffaith fod pobl amlwg fel T. Llew Jones, a sefydliadau atyniadol fel maes

95

carafannau Wil y Gilfach ar ei rownd, nid oedd ei galon yn y gwaith. Roedd y galwadau bore bach yn ei amddifadu o'i hoff bleser. Chwedleua. A dechreuodd gasglu yswiriant dros gylch gwasgaredig, gwledig, Cymreig. Roedd yn ei elfen. Digon o glonc a phaneidiau o de – a'r cyfle i fod o gymorth i ambell un mewn trybini. Does ryfedd bod cymaint o ddefnydd caneuon ganddo.

Nelson

Er bod iddo ddau wyneb nid oedd yn ddauwynebog. Fel arall yn hollol, roedd ei ie yn ie a'i nage yn nage, a phawb o fewn clyw – a gallai hynny fod yn bellter go lew – yn gwybod hynny hefyd! Achos nid oedd yn un i gadw'i gannwyll dan lestr, nac i ostwng ei lais – yn gyhoeddus. Nid oedd yn orbyticlar o'i eirfa chwaith. Yn wir, ei eiriau cyntaf mewn unrhyw ddadl – ac yr oedd hynny'n digwydd yn lled fynych yn ei hanes – fyddai 'Beth yffarn,' neu 'Fel bot ti'n gw'bod 'nawr,' gyda llawer ansoddair Sacsonaidd rhwng y ddau. Eithr ar ei aelwyd, a than ddylanwad doeth ac ystyriol ei wraig, yr oedd yn batrwm o gymedroldeb a gwedduster.

Roedd yn dal ac esgyrnog, a chyda sigarét yn hongian yn barhaus o gornel ei geg. Cynheuai un o stwmpyn y llall a goddef i'r mwg dorchi i fyny mor gyson i'w lygad dda nes collodd ei ddefnydd ohoni'n gyfan gwbl yn y diwedd. Hynny a roddodd iddo'i lysenw, mae'n siŵr. Ac fel petasai i drio nacáu effeithiau'r smygu roedd ganddo ryw arfer o bwffian allan o gornel ei geg ar i fyny, gyda'r diben dwbwl o chwythu'r llwch oddi ar flaen ei ffag a'r mwg o'i lygad ar yr un pryd. Canlyniad y pwffian mynych a golwg y llygad hanner-tro rhyngddynt oedd rhoi i'w wyneb ryw olwg sarrug, ddicllon.

Ond tynnai plant at ei lin o bell, a dywedir mai'r rheiny a chŵn yw'r beirniaid cywiraf o'r natur ddynol. Roedd yn gymeriad cwbl wahanol yn eu cwmni hwy. Ac nid ei blant a'i wyrion ei hun yn unig. Byddai'i lais yn tawelu, a'i wyneb cyhoeddus herfeiddiol yn tyneru i gyd. Gyda dim na ddywedai rhywun ei fod yn un â'r hen blant. A hynny heb fod yn blentynnaidd.

Gŵr na fedrai neb dynnu twlsyn o'i law, a phopeth yn ei union le ym mhob sgubor a chartws ar hyd ei glôs – pob iet ar ei bachau a phob rhych datws yn ei ardd wedi'i hagor fel saeth. Cymydog nad aeth neb erioed yn ofer ar ei ofyn – cyn belled â'i fod yn barod i oddef y blagardio cyhoeddus arno a chael gwybod rhai ffeithiau digon crafog amdano ef ei hun! Cymerai'r blaen yn naturiol ar gae medi cymydog – mae cloch glir yn gymorth mawr mewn lle felly – a gwae'r neb a fynegai farn wahanol am y ffordd orau i wneud hyn a'r llall. Gadawai'r doeth iddo gael ei ffordd.

Ond nid pawb fyddai'n barod i droi llygad dall i'w haerllugrwydd. A daeth ei gloch uchel ag ef i drafferthion lawer gwaith. Arferai droi i mewn i'r dafarn leol yn awr ac yn y man nid yn gymaint am y ddiod ond er mwyn cael tynnu rhywun yn ei ben ac i chwarae'r bandit unfraich. Roedd ynddo wendid ynghylch hwnnw. Parai hanner peint oriau iddo, achos byddai'n rhy brysur naill ai'n chwarae neu yn cadw llygad ar eraill yn chwarae er mwyn brasgyfri faint o arian fyddai yng nghrombil y peiriant. Pan farnai bod jacpot yn yr arfaeth dechreuai arni. Swllt ar ôl swllt ar ôl swllt, a'i ffiws yn byrhau gyda phob methiant. Nes o'r diwedd byddai rhywun yn gweiddi rhyw wawd arno, neu'n edliw iddo bod hwn-a-hwn newydd ennill rhyw swm anhygoel, dim ond i'w bryfocio. A dyna'i diwedd hi! Fe ffrwydrai Nelson.

'Beth yffach wyt ti'n siarad 'achan? Mae e bownd o dalu, fel bot ti'n gw'bod 'nawr,' dros ei ysgwydd. A chan gydio yn ochrau'r bandit fel rhywun yn rhoi ysgytwad i blentyn drwg, fe'i tynnai oddi ar ei seiliau bron a'i ollwng yn ôl yn erbyn y wal gydag ergyd a grynai'r lle, 'Tâl, 'te'r yffarn, tâl.' Ac estyn cic neu ddwy â'i holl nerth i lawr tua'i fogail. Ac wrth gwrs, mwya i gyd y ciciai ac y bytheiriai ef, mwya i gyd yr hwyl a gâi'r lleill. Pawb ond y tafarnwr, beth bynnag! Câi'i wahardd o'r lle am dipyn wedyn.

Yn ei flynyddoedd yn ŵr dibriod nid unwaith na dwywaith yr aethai'n ddrwg rhyngddo ef a rhai o'r llanciau eraill. A rhywdro bu'n arbennig o boeth rhyngddo a Th— Brynhyfryd. Hwnnw'n grymffast cryf, cynhenllyd yn fynych. Yn entri gyfyng Pen-ffin, lle byddai nifer o weision ffermydd, ac yn y blaen, yn crynhoi erbyn nos y bu'r ymrafael, ac yr oedd y cecru a'r bygwth rhwng y ddau wedi hen droi'n chwifio dyrnau yn wynebau'i gilydd. Ond yr oedd rhyw hen, hen gonfensiwn – rhywbeth yn debyg i sifalri'r hen farchogion gynt cyn gornest, am wn i – yn atal y naill fel y llall rhag taro'r ergyd gyntaf. Neu'n wir efallai mai'r teimlad mai ar y sawl a fwriai'n gyntaf y syrthiai'r bai am gychwyn brwydr oedd yr achos. Beth bynnag, 'Bwr' di gynta, gw' boi,' oedd hi o du T—, a 'Na wna i ddim 'te. Beth yffarn, bwr' di,' o'r ochr arall, ar dop ei lais. Ac fe'i cymerodd T— ef ar ei air a dyma ergyd yn ei frest nes bod Nelson ar ei din yng nghornel y seld! *'Get your retaliation in first,'* ys dywedai Carwyn.

Gweithiai ar un adeg yn labro gyda chwmni adeiladu, ac mae'n siwr, mewn cwmni cegog o rai tebyg iddo'i hunan, ei fod cyfuwch ei lais â'r un. A byddai'n arfer, pan fyddai angen anfon rhywun i'r dref i mofyn neges, y byddai hwnnw'n gofyn i'w gydweithwyr a oedd rhywun ohonynt hwy ag arno angen rhywbeth ar yr un pryd. Ac wrth gwrs, p'un ai a oedd angen rhywbeth arno ai peidio, ni fedrai Neslon gau'i geg – 'A dere â blydi bocsed o gondoms i fi.' Chwerthin mawr, wrth gwrs. Ond dim byd tebyg i'r chwerthin pan ddaeth hwnnw'n ôl â bocsiaid grôs iddo! Bu'n eu gwerthu bob yn un i lanciau Gogerddan am wythnosau i gael gwared ohonynt!

Wedi priodi cododd fyngalo ar y ffordd i Gwmydd-bach, a ffermiai dyddyn yno, gan ddal tir yr Esgair, am y ffîn â mi, yn ogystal. Medrwn ei glywed yn glir ar draws y cwm yn galw'r da stôr at eu cafnau, a hynny'n erbyn y gwynt 'tae'n chwythu storom! Yn awr ac yn y man torrai un o'i anifeiliaid ef i mewn i'n tir ni – a digwyddai i'r gwrthwyneb hefyd lawn cyn amled, rwy'n prysuro i ddweud. A diwrnod mawr y gwahanu a'r cau adwyau fel rheol fyddai'r Sul. Ac wrth gwrs byddai'r plant yma gartref o'r ysgol y diwrnod hwnnw, ac o dan ein traed yn barhaus, a'u mam braidd yn bryderus am effaith y geiriau cryfion ar eu clyw diniwed – achos ei wyneb cyhoeddus a welai hi. Ond doedd dim angen iddi boeni. Byddai ef mor ofalus o'i iaith ag unrhyw ddeiacon, ac os, ar ddamwain megis, y llithrai gair mawr neu ddau allan er ei waethaf, syllent arno fel ar ryw dduw bach, o weld cystal sglein ar grefft oedd mor waharddedig iddynt hwy.

Rhyw brynhawn aethai ef a minnau gyda Gerwyn – cyfaill arall i mi a oedd bron yn hollol ddall erbyn hynny, druan – i ddychwelyd rhyw anner strae o'i eiddo a chau'r adwy rhwng yr Esgair a ni. Roedd gen i lif gadwyn ac

anelais dorri spagyn sych o bren celynnen â hi – pren
arbennig o galed – a thasgodd dernyn bach yn ôl a'm taro
yn fy llygad dde. Dim byd difrifol, ond digon·i wneud i'r
llygad ddyfrio ac i minnau ei gwasgu â chefn fy llaw. Ond
yr oedd yn ddigon i ddenu ymateb nodweddiadol oddi
wrtho ef, ar dop ei lais y gallech ei glywed o sgwâr yr ysgol
am wn i. 'Diawl, Hendre, watsia. Beth yffarn wyt ti'n drio'i
'neud? Dim ond tair ff— llygad iawn sy gyda ni rhyngddon
ni, cofia!'

Gwyddai Denis Pil-bach, yr hen saer, i'r dim y ffordd i
godi'i wrychyn. Fel y codai Nelson ei lais ef, tawelu'n
raddol a wnâi'r saer, nes o'r diwedd, rhwng ei sŵn ef ei hun
a thawelwch y saer, prin y byddai un yn deall y llall. 'Beth
yffarn wyt ti'n 'weud, Pil-bach? Gwêd fel bo pawb yn
clywed 'achan, os na wês ff— ofon arnat ti!' Cyfarchai
bawb wrth enw'i gartref, a chyda llaw, dim ond yn ei gefn
y galwai neb yntau'n Nelson – Ostin, ei enw bedydd,
ydoedd i'w wyneb. 'W… w… w… Ostin bach,' mewn tôn
addfwyn, amyneddgar bron, fel 'tai'n siarad â phlentyn,
'Sdim eisie gweiddi, 'achan. Do's neb yn drwm 'i glyw 'ma,
'achan!'

A rhwng y ddau ohonynt cawsom i gyd ryw noson,
ddrama, neu ddeialog efallai, oedd yn wers hanes yn
ogystal â bod yn ddifyrrwch. Y mae yn ein hardal ni, ac
mewn ardaloedd eraill mwy na thebyg, hen gred bod
llwybr yr aeth angladd ar hyd-ddo i'w gyfri fyth wedi
hynny yn llwybr cyhoeddus. Tua'r adeg yr oedd rhyw
gomisiwn neu'i gilydd yn deddfu ar lwybrau o'r fath oedd
hi, a hyd y cofiaf roedd y ddau'n weddol gytûn ar yr
egwyddor, ond daliai un ohonynt – nid yw'n llawer o
wahaniaeth p'un – bod amodau i'r fath drefn. Os gellid

profi i'r angladd ddefnyddio'r llwybr hwnnw'n ddi-dâl yna byddai'n rhydd i'r cyhoedd ei ddefnyddio. Os gellid profi bod tâl wedi'i hawlio, yna byddai'n para yn llwybr preifat.

Ac asgwrn y ddadl oedd a oedd yna lwybr cyhoeddus drwy dir Plas Glaneirw ai peidio. Roedd Ostin yn ei uchelfannau ers amser a Denis yn dal ei dir orau y medrai. 'Beth uffarn, Pil-bach, fel bot ti'n gw'bod nawr, âth angla'r hen Gwashin ma's o Nanteirw drw' Parc Ffrynt Glaneirw, a drw'r dreif isa' a ma's i'r hewl fowr achos wêdd hi rhy ff— gl'yb i fynd ma's ag e drw'r ff— feidir.' A chwythad i'r llwch oddi ar y ffag.

'Do, Ostin, do, wy'n cofio hynny'n b'rion,' – tuag ugain desibel yn is.

'A wêdd rhen Gyrnel yn disgw'l yn iet y clôs a gorffod i ni roi ff— pisyn tair iddo fe cyn agore fe'r iet i ni, fel bot ti'n blydi diall. Cofia di, roiodd e'r tair blydi c'inog nôl yn y casgl'ad. Wi'n cofio fel 'se hi dwê 'achan.'

'W…w… digon posib, Ostin. Ma' cof go lew 'da chi. Ond 'doedd dim pisyn tair yn y busnes. A wedyn ma'r llwybyr 'na yn agored. Neu fe ddylse fe fod,' fel un ag awdurdod ganddo, ac mor dawel erbyn hynny fel mai prin yr oeddem yn ei glywed.

'Pil-bach, gwranda. Beth yffarn, wy'n gw'bod beth wy'n 'i weud. Fi gariodd y ff— coffin, i ti ga'l gw'bod.'

'Ie, ie, Ostin, chi cariodd e.' Dracht fach ysgafn o'i wydryn hanner peint – 'A fi gnâth e, ontefe?' Gêm gyfartal, dd'wedwn i!

Sgwlyn

Ym mhedwardegau hwyr y ganrif ddiwethaf gadawodd Mishtir ein hysgol ni am ysgol arall gyfagos. Ac i gymryd ei le dros dro daeth yma ŵr ifanc o Gwm Tawe. Cymro naturiol, tal, cydnerth a chwaraewr rygbi yn Nhîm Abertawe. Lletyai ym Mlaen-nant ac yr oedd wedi ennill ei le ymhen dim amser. Gŵr delfrydol ar gyfer ardal wledig.

Ond ar y pryd hwnnw ysgol eglwys oedd ysgol y pentre, a phan ddaeth yn amser gwneud penodiad terfynol ymhen rhyw flwyddyn mynnodd awdurdodau'r eglwys benodi Mr M— yn ei le. Efallai fod y ffaith i gymaint o amser fynd heibio cyn iddynt wneud y penodiad hwnnw yn awgrymu nad oedd y gystadleuaeth am y swydd yn un frwd iawn. Beth bynnag, er i'r trigolion wneud petisiwn i gael cadw'u mishtir-dros-dro, mynnwyd eu hanwybyddu a phenodi rhywun oedd yn eglwyswr – mewn enw o leiaf.

Gŵr o'r un ardal â'i ragflaenydd – Pontardawe yn ôl y sôn – ond antithesis hollol i hwnnw. Tew, byrgorff, gwridog, trwynfflat a thipyn o lediaith yn ei leferydd. Ond os oedd lle i ofni bod plant yr ardal wedi colli allan yn academaidd nid oedd amheuaeth nad oeddent wedi ennill mewn ffyrdd eraill.

Dechreuodd ddangos ei liwiau yn fuan iawn. Wrth

sgrifennu'r dyddiad ar y bwrdd du rhyw fore mae'n amlwg iddo wneud llithriad bach a rhoi un 'r' yn ormod yn *February* ac fe drodd yn *Februrary* dan ei law. Rhywbeth y gallai unrhyw un ei wneud. Ond pan bwyntiodd un o'r plant hynny allan iddo, yn hytrach na syrthio ar ei fai fe dyngai mai felly y dylid sillafu'r gair, ac mai felly y gwneid yn ei hen goleg ef – ble bynnag oedd hwnnw! Ni thyciai apêl y plentyn at eiriadur nac at Miss yn y Rŵm Bach chwaith – roedd yr oracl yn gwybod yn well na honno, wrth reswm. Ni synnwn i ddim nad hwnnw oedd y diwrnod y trodd Mishtir yn Sgwlyn yn ein hardal ni.

Buasai yn y Llynges adeg y rhyfel meddai ef, a diau iddo oleuo cryn dipyn ar ei ddisgyblion yn ffyrdd morwriaeth yn ystod y gyflafan honno. Yn wir, buasai'n aelod o griw un llong a saethwyd mor aml gan yr Almaenwyr fel y newidiwyd ei henw i HMS Pepperpot ond bod cymaint o dyllau yn ei hochr nes i'r Pepper gael ei saethu allan ac mai dim ond y Pot oedd ar ôl! Roedd hi mor boeth allan yn y trofannau fel ei fod yn medru ffrïo'i wy yn y bore ar ddur y dec!

Arferai fwrw i fyny i dafarn Gogerddan gyda'r nos – lle nid anenwog am ei storïau tal ei hun. Ond dangosodd y sgwlyn yn fuan iawn y medrai ddal ei dir gyda'r gorau yn y cyfeiriad hwnnw.

Buasai angladd ei fam yn ei hen ardal yn un o'r rhai mwyaf a welwyd erioed. Cant o bobl yn y parlwr yn unig, a'r rheiny dan orchymyn pendant i gadw'n glir o'r grât. Achos roedd yr hen wraig yn gampwraig ar dyfu riwbob, ac yn y grât hwnnw y byddai'n ei blannu (ni fyddai fyth dân mewn stafell mor barchus wrth reswm). Câi lonydd ganddi i dyfu i fyny'r simne ac allan drwy'r corn a hithau'n torri darnau i ffwrdd o'r tu allan fel byddai angen!

Roedd yntau ar y pryd yn byw mewn stad dai cyngor a honno heb orffen ei hadeiladu'n llwyr. Y lawntiau a'r gerddi heb eto gael ffensus i'w gwahanu. Ond fe setlwyd y broblem yn fuan iawn. Plannodd rych o gennin ar y ffin rhyngddo ef a'i gymydog a phan dyfodd y rheiny'n ddigon o faint staplodd weier ddefaid wrthynt!

Yn naturiol ddigon, ar ei sgawtiau i'r dafarn gyda'r nos cyfarfyddai â rhai o gymêrs eraill y pentre, ac yn eu plith arweinydd y côr lleol. Ni fu fawr o dro yn cynnig ei wasanaeth yn y cyfeiriad hwnnw ac yn y practis nesaf cymerodd ei le ymhlith y baswyr isaf. Rhyw ddau neu dri practis yn ddiweddarach roedd rhai o'r tenoriaid uchaf yn eisiau o achos rhyw ffliw neu rywbeth tebyg, ac eisteddfod bwysig yn agosáu. Ac yn wir i chi, pwy oedd y cyntaf i gynnig ei gymorth i'r llais hwnnw wedyn – ond efe! Hyblygrwydd welwch chi.

Bu hyd yn oed yn gymorth hawdd ei gael mewn cyfyngder i'r ficer. Digon posib ei fod yn cofio ar ba ochr i'r bara yr oedd ei fenyn! Methai y clerig hwnnw â chadw'i gyhoeddiad ryw Sul ac at bwy y tybiwch y trodd y gynulleidfa yn awr ei hangen? Yn hollol! A heb na nodyn nac agor Beibl i ddyfynnu ohono cododd ei destun o'r Efengyl yn ôl Marc, 'Ond pwy yr ydych chwi yn dywedyd fy mod i?' O leiaf mae'n debyg mai dyna y bwriadai'i ddweud ond 'Pwy i chi gweud 'i fi?' ddaeth allan. Lwcus iddo nad cymanfa bwnc oedd hi neu 'fallai byddai rhywun wedi'i ateb! Nid oes sôn iddo danio diwygiad, chwaith!

Nofiwr na fu ei debyg erioed, a'i syniad o ddip yn y môr fyddai nofio o Aber-porth draw i Benbryn ac yn ôl, gan droi ar ei gefn bob hyn a hyn i gymryd hoe a thynnu mygyn. Pibell wrth gwrs, gallai gadw pen honno uwchlaw'r dŵr!

Ond un peth na fyddai'n rhaid iddo ymestyn yn ei gylch oedd ei nerth corff. Wrth helpu gwahanol gymdogion ar gae gwair neu ŷd byddai'n pitsio pigeidiau cymaint â dau ddyn cyffredin fel chwarae, a thair neu bedair ysgub ar y tro i ben tas. A'r grymuster hwnnw a barodd y bydd yr ardaloedd hyn yn ei gofio am gryn amser.

Rhyw brynhawn lladdwyd un o'r plant ieuengaf mewn damwain ffordd. Rhedodd ar draws yr hewl o dŷ ei dad ar lôn ei gartref rhyw ganllath o iet yr ysgol pan drawyd ef gan gar mawr rhyw ddeler gwartheg o Aberystwyth, a'i wasgu odano fel na ellid cael ei gorff allan. A thra oedd twr o bobl yn disgwyl yr ambiwlans ac yn methu gwybod beth i'w wneud cyrhaeddodd M—. Heb feddwl ddwywaith cyrcydodd gan gydio wysg ei gefn ym mhen blaen y car a'i godi'n glir o'r llawr a'i ddal yno nes i gorff yr un bach gael ei dynnu'n glir. Yn rhy hwyr, gwaetha'r modd.

Hen Dŷ Tafarn

Mae ei fath wedi prinhau'n rhyfedd erbyn hyn. Yn wir, ni wn am un heblaw Tafarn Besi, yng Nghwm Gwaun. Nid oeddent, o ran adeiladwaith, yn ddim gwahanol i dai fferm cyffredin. Yn wir, daliai'r rhan fwyaf ohonynt rywfaint o dir a chadw buwch neu ddwy, mochyn ac ieir – tyddynnod bychain. Roedd iddynt eu henwau 'swyddogol' bid siwr – Y Fel-a'r Fel Inn neu'r Rhywbeth Arms – ond wrth enwau'r pentrefi neu'r sawl a'u cadwai yr aent fynychaf. Pant-y-Blaidd, Cwm-Cuch, Cwm-Gwaun, Tafarn Jem ac Aber-nant ac yn y blaen. Ac mi gredaf fod hynny ynddo'i hunan yn arwyddocaol. Nid maelfâu a llefydd busnes yn unig oeddynt ond mannau i dynnu cymdeithas at ei gilydd. Nid cerrig a morter oedd eu harbenigrwydd, ond y rhai a'u mynychai.

Prin y byddai yn yr un ohonynt ddim byd mor soffistigedig â bar. Stafell rywle yn y cefn i gadw'r casgenni, stafell ychydig yn fwy – cegin fach y teulu fynychaf, i'r cwsmeriaid ffyddlonaf – a stafell rywfaint yn fwy wedyn ar gyfer ymwelwyr achlysurol, gan gadw'r parlwr a'r llofftydd at ddefnydd preifat y teulu. Cartref estynedig ei dylwyth, mewn gwirionedd. Mewn ambell un fe welech fwrdd dominos neu sgitls, ac weithiau fwrdd dartiau yn y gornel, ond am bethau modern fel jiwc-bocs neu fandit unfraich nid oedd dim sôn.

A lle mae'r ffordd o Gastellnewydd Emlyn i Aber-porth yn croesi'r ffordd o Aberteifi i Aberystwyth mae sgwâr Gogerddan, a'r dafarn wedi'i enwi, yn ôl pob tebyg, oherwydd cysylltiad teuluol un o'r plasau lleol – Neuadd Tre-fawr – â phlas Gogerddan yng nogledd y Sir. Erbyn hyn codwyd restrant crand ar draws y ffordd i'r hen le, ac aeth yr hen dafarn yn Gogerddan House.

Gyferbyn ag ef, ar draws y sgwâr, yr oedd llyn gweddol ddwfn. Yn wir, nid oedd gwaelod iddo, yn ôl y rhybuddion a roddwyd i ni blant! Ac o gylch dwy ochr iddo wal gref yr adwaenid hi fel rheol yn Bont Gogerddan. Ac wrth gwrs, hwnnw fyddai un o hoff fannau cyfarfod y llanciau lleol a fyddai'n rhy ifanc i fynd i mewn i'r dafarn – neu'r rheiny y byddai eu tadau a'u perthnasau yn debyg o fod yno'n barod beth bynnag!

Roedd hefyd yn ganolfan gyfleus i'r llanciau hŷn hynny a fyddai'n ddigon ffodus i fod yn berchen motobeics, a'r man lle deuent i arddangos eu sgiliau – ac yn wir eu rhyfyg. Yn hwyrnosau golau'r haf ni byddai'n ddim gweld deg neu ddwsin ohonynt yn rhuo o gwmpas – Leni a Chedric Hazeldene, Bryn Isaac, Deid y Post o Sarnau a'r Go Bach a'u tebyg. Byddid wedi benthyca brws cans y tafarnwr i sgubo'r graean o ymylon y ffordd yn lân, a'r beicwyr yn mynd draw cyn belled â thro Fron-lwyd ar ffordd Castellnewydd. Y gamp wedyn fyddai troi'r tro naw deg gradd i'r chwith i gyfeiriad Blaen-porth am y cyflymaf – nid oedd trafnidiaeth agos cyn drymed ar y ffyrdd yr adeg honno wrth gwrs. Bryd arall byddid yn troi i'r dde i gyfeiriad Tan-y-groes, a'r *BSA Golden Bullets* a'r *Triumph*

Speed Twins a'r *Scott Twins* yn ei sgrechian hi am y gorau. Hynny fyddai eu hymarfer ar gyfer rasus Pentywyn. Yn rhyfedd ddigon, ni chofiaf i'r un ddamwain ddifrifol ddigwydd yno, chwaith. Erbyn heddiw, a'r hen lyn wedi'i gau a'r bont wedi'i dymchwel i wneud lle i sgwâr modern, llydan, mae'n ddamwain yno bob yn eilddydd bron!

Ond fel pob tŷ tafarn, y sawl a'i mynychai a roddai iddo'i gymeriad. Dai oedd y tafarnwr. Horwth o ddyn trwm ar ei draed, sarrug braidd yr olwg arno, hytrach yn gloff ac mor dynn â lleuen. Buasai yn y Gwarchodlu Cymreig ar un adeg – sy'n rhoi syniad go lew o'i faint corfforol. O gyffiniau Ceinewydd, mi gredaf, priodasai i mewn i dylwyth a fu yno ers oes yr arth a'r blaidd am wn i. Mrs Davies (ni chlywais nemor neb byth yn cyfeirio ati wrth ei henw cyntaf) a'i chwaer, Anti Nan. Roedd hithau hefyd braidd yn gloff ac anystwyth ei cherddediad – rhywbeth yn debyg i Douglas Bader, yn ôl Gareth Preis! Roedd iddynt un ferch – Margaret – y byddid heddiw'n ei rhestru ymhlith pobl y *learning difficulties*, er iddi fynychu Ysgol Blaen-porth fel y gweddill ohonom a dod i ddarllen, sgrifennu a rhifo fel pawb arall. Rhifo a chlandro syms yn arbennig – roedd hi'n gynt na llawer ohonom yn y pethau hynny, wedi dysgu wrth drafod arian a chadw sgôr ar fwrdd darts mae'n debyg. Roedd ei lle i'r iâr gloff ar y clôs yn yr oes honno!

Byddai'i thad yn derbyn cwningod ar gyfer y prynwr a ddôi o amgylch ryw unwaith yr wythnos – am hyn-a-hyn o elw gellwch fentro – ond dim ond y rhai a ddaliwyd mewn trap neu fagl. Roedd y rhai a ddaliwyd gan gi yn wrthodedig – tueddent i fod wedi'u cleisio. Un noson wyntog o law mân roedd Dai Motygido, gwas ym Mharcy-bwla ar y pryd, ar ei ffordd allan i'r sgwâr. Cerdded wrth gwrs, a phwy ddigwyddodd ddod heibio ar y pryd ond Gareth Preis, un o dri brawd Popty Preis yn y Betws. Y popty hwnnw y canodd Isfoel iddo, ''Dwy'n bwyta fawr o datws, ac eto'n teimlo'n ffamws. 'Rwy'n codi'n fore gyda'r iâr a bwyta bara'r Betws.' A chyda Gareth yn ei fan fara yr oedd y filiast y byddai'n potsian tipyn â hi. Roedd hi'n noson i'r dim at y gwaith ac aeth Dai ac yntau i mewn i rai o'r caeau agosaf – caeau Fron-lwyd, Tŷ-cornel a Llain-groes – ond heb ryw lawer o lwc. Ymlaen wedyn nes dod at gaeau bychain Dai Gogerddan ei hun. A chyn pen fawr o dro roedd ganddynt wyth cwningen braf. Ond sut i gael gwared ohonynt? Mwy na hynny, sut i gael pres amdanynt?

Ac at ddrws cefn y dafarn â Motygido a'r sachaid ysbail. Curo, a'r Dai arall yn ateb. Sisial mawr rhwng y ddau wedyn a mynych bwtio penelin cynllwyngar a wincio awgrymog, a'r gwas yn cyfaddef iddo nelu maglau ar dir ei feistr heb yn wybod iddo a'r tafarnwr yn teimlo'i hunan yn dipyn o foi o gael rhannu'r gyfrinach – prawf sicr o'i boblogrwydd ymhlith ei gwsmeriaid. A gwerthwyd y cwningod yn ddigon didrafferth – a phroffidiol.

I gyfannu'r ddrama, wedi gadael digon o amser i'r ddêl gael ei chwblhau, dyma Preis i mewn drwy ddrws y ffrynt a gweld ei gyd-gynllwyniwr yno eisoes – yn mwynhau'r hanner peint a gawsai o lwc ar y fargen! A'r peth cyntaf a wnaeth oedd siarsio'r tafarnwr i ofalu na chymerai wningod gan Motygido, mai rhai a ddaliwyd â chi oeddynt, ac yn y blaen. Ond derbyniad nodweddiadol o sarrug a gafodd, 'M'india di dy fusnes, boi. Ma' Dai a fi'n dyall ein gilydd,' gyda winc i gyfeiriad hwnnw. 'A dw i'n dyall gwningod hefyd.' Ond nid ei rai ef ei hun mae'n amlwg!

Nid oedd chwaith yn deall rhai o ymadroddion y dieithriaid a alwai yno – nid yn aml iawn, mae'n rhaid cyfaddef. Yn enwedig os oeddent yn digwydd bod yn byticlar ynghylch glanweithdra. Achos cyrchid y cwrw o'r cefn mewn siwc namel alwyn, gan ei dywallt i'r gwydrau fel y byddai angen, a defnyddio'r un gwydrau dro ar ôl tro – tra cadwai'r yfwyr hwy yn eu dwylo. Duw a ŵyr beth a ddigwyddai iddynt wedyn, ond hwyrach bod cwrw yn eu streilio lawn cyn laned â dŵr! Trefn ddigon synhwyrol i arbed cerdded ofer ond a oedd rywfaint yn brin o'r safonau sy'n dderbyniol heddiw. A phetai cleren yn digwydd disgyn ar wyneb yr ewyn ni ofynnai ond ewin bys i gael gwared ohoni!

Dau fath o ddiod yn unig a gynigid – chwerw a thywyll – ynghyd â rhyw rai o'r gwirodydd arferol. Ond un diwrnod galwodd bysiaid o deithwyr yno – Saeson rhonc ac yn eu plith nifer o wragedd a merched. A phan ofynnodd rhyw ladi well na'i gilydd am *gin and it* ni wyddai Dai yn iawn sut i'w hateb. Yn wir doedd ganddo mo'r syniad lleiaf beth oedd yr 'it'. Ond fe ddaeth allan ohoni'n bert iawn, 'Sorri,' mynte fe, 'No gin!'

''Run rhai, Siân fach, 'run rhai,' ys dywed y bardd, oedd hanes ffyddloniaid Gogerddan hefyd. Ar y sgiw i'r chwith wrth fynd i mewn i'r gegin fach byddai rhyw bedwar. Dan Wauntrefalau – tyddyn heb fod nepell o'r dafarn – yn nesaf at y tân. Yn wir byddai o fewn i ddim *yn* y tân, a'i benelin gan amlaf ar handlen y tegell cast a fyddai'n canu ar y pentan, achos rhynllyd iawn oedd ei olwg yn wastadol. Llwyd, tua maint joci gweddol, a chanddo ryw besychiad bach tragwyddol, 'Ehe, ehe, ehe' (a'r pwyslais ar yr 'h') yn rhagymadroddi pob sylw o'i eiddo. Dadleuwr mawr, a rhyfeddod yn ei ddydd – roedd yn Bleidiwr – yn bennaf i gael bod yn wahanol, dybiwn i. 'Ehe, ehe, ehe 'dych chi ddim yn darllen digon 'chwel, bois, ehe, ehe. Ma' Gwynfor yn gweud …' Ond nid âi fawr pellach na hynny. Eithr yr oedd yn fagwr a dangoswr gwartheg tewion yr oedd sôn amdano.

Yn nesaf ato – Jâms Tai-bach. Fferm dipyn yn fwy i lawr ar y gwastod ar waelod y rhiw. Un o'r cyntaf yn yr ardaloedd i fagu buches Jersi bur. Brîd, fel y gŵyr y cyfarwydd, sy'n enwog am ei laeth hufennog, melyn. Gŵr main, cymharol dal, nas gwelid fyth heb fodffon gollen yn ei law. Roedd ganddo hefyd fys bawd arbennig o huawdl i'w law dde. Roedd fel petai i hwnnw gymal ychwanegol y byddai'n ei ddefnyddio i bwysleisio'i ymadroddion – llawer ohonynt yn gyrhaeddgar tu hwnt. Yn enwedig am dueddiadau'r ffermio modern. 'Yr yffarn,' ys dywedai gyda thro pwysleisiol o ochr i ochr i'w law dde a'r bawd yn uchaf, am amledd swyddogion y Weinyddiaeth, 'Segur-swyddwyr. Ma'r cathod wedi mynd yn amlach na'r llygod 'ma nawr!'

Dilynai fart Aberteifi'n wythnosol ffyddlon, a rhai o'r tafarnau hefyd, yn ôl pob sôn. A rhyw dro mae'n debyg i'r bawd fod yn rhy huawdl, neu'n wir efallai fod i'r bawd hwnnw'i ewyllys ei hun, ond drwy ryw hap daeth Jâms yn ddiarwybod yn berchen buwch – Ffrisian, o bopeth. Ac wrth gwrs, yn y gegin fach y noson honno nid oedd pall ar y tynnu coes a'r pryfocio. Jâms, dyn y Jersis, wedi cymryd ei dwyllo i brynu Ffrisian – y teneua'i llaeth o bob brîd! Ond fe ddaeth allan ohoni. 'Yr yffarn,' gyda thro nodweddiadol y bawd a dawelai bob dadl, 'Wêdd eisie rhywbeth arna i i streilio'r bwcedi godro!'

Yn nesaf ato hwyrach y byddai Leias. Storiâwr oedd ef, ac awdurdod ar enwau caeau pob fferm yn y golwg o'r Bont y tu allan. Mathemateg – neu rifyddeg beth bynnag – oedd ei ddiléit arall, a'r posau a ymddangosai yn y papurau dyddiol ar y pryd fel chwarae iddo. Roedd ei besychiad ef rywfaint yn wahanol i un Wauntrefalau – rhagarweiniad i stori fyddai ei garthiad gwddw fach ysgafn ef. Hynny a defod rowlio'r ffag. 'Yhy, yhy' (pwyslais ar yr 'h' eto). 'Gronda, gronda ar hon nawr,' a'r Rizla'n glynu yn ei wefus uchaf. Estyn pinsiad o faco o'r pecyn papur yn ei law arall gan edrych i fyw eich llygad, a chychwyn ar ei fabinogi. Dychwelyd y pecyn tybaco i'w boced wasgod yn ddiogel ac yna'r cafn papur o'i wefus. Yna'n ofalus, ofalus, taenu'r blewynach yn y rhych Rizla gan adael cudyn neu ddau i hongian allan o bob pen ohoni, a dal i lefaru. Gallai fentro codi'i olygon wedyn i'ch wyneb eilwaith – nid oedd angen llygad i gam nesa'r broses. Estyn y llyngyryn gwyn at ei dafod a rhoi llyfiad ysgafn iddo, fel rhyw fath o semi-colon yn torri ar ei leferydd am eiliad. Yna gostwng ei sylw at y ffag gan ailgydio yn y stori ac estyn matsien o boced arall ei wasgod i gorlannu'r blewiach strae yn ei deupen. Erbyn hynny byddai'r stori'n prysur gyrraedd ei huchafbwynt.

'Rhen Griffi Nantbrenni, 'achan. Fe ddal'odd e grwt y mab ar ben y forw'n yn y gwellt yn y sgubor, 'twel'. A wyddest ti beth 'wedodd e? "Fachgen, fachgen, beth nesa? Smoco gwlei!"

''Wêdd e'n dipyn o dderyn gida'r menwod 'i hunan, mynte nhw. A fe âth yn lletwhith rhynto fe a morwn arall – wêdd hi'n gyfob 'da fe. A dina shwt wêdd e'n gweud am 'i wraig wedi iddyn nhw briodi. "Fachgen, fachgen, fues i'n hela ffesants yn Shir Ga'rfyrddin a hela ffesants yn Shir

'Berteifi a hela ffesants yn Shir Bemro – a saethu llwyd y baw ar ben claw' yr ardd gartre!"' A'r copsi ar y stori fyddai tanio'r fatsien a phwff o fwg ac 'Yhy, yhy'.

Oni fyddai'n noson bractis, siawns nad y nesaf ato fyddai Abba. Ffermwr, cerddor ac arweinydd y côr lleol. Hytrach yn drwynol ei leferydd oedd ef, felly ni fyddai ei 'Niawl mois,' wrth geryddu rhai o'r tenoriaid yn swnio lawn mor fygythiol. Pisyn o bren glas o'r clawdd fyddai'i fatwn fynychaf, a'i ffordd o yrru'i bwynt adref fyddai cledro clawr y piano ag ef nes bod y batwn yn ddellt yn aml. Peryglus i'r cyfeilydd ond heb gael fawr o effaith ar y cantorion yn fynych. Er hynny, fe lwyddodd i gael perswâd ar Jâms Tai-bach i gystadlu ar yr emyn i rai dros drigain yn Aber-porth unwaith, ac yn y gegin fach y bu'r ymarferion. Roedd o leiaf yn ei gyfarwyddo ag ymateb cynulleidfa! 'Ar fôr tymhestlog teithio'r wyf', oedd yr emyn ac ar 'yr hen dôn' ys dywedai'r cantwr. Mae'n debyg iddo fynd drwyddi'n ddigon da yn ei dyb ei hun – ond nid felly'r beirniad. Collwyd y cwpan, ond pa ryfedd, roedd 'yr yffarn wedi'i brynu' yn ôl y datgeinydd aflwyddiannus, a'i fawd yn cadarnhau hynny.

Crybwyllwyd yr enw Preis eisoes. Tri brawd y popty lleol. Dewi a Gareth yn efeilliaid a Thed rywfaint yn hŷn, a'r tri mor felltigedig â'i gilydd. Ted a Gareth fyddai'n edrych ar ôl y pobi a Dewi'n gyrru'r fan o gwmpas y pentrefi. Ymunent yn y cwmni yn eu tro, ac weithiau, pan fyddai'r hwyl yn uchel, byddai wedi stop tap a Dewi heb orffen ei rownd fara. Ond ni phoenai hynny fawr arno, a chariai ymlaen o ddrws i ddrws tan hanner nos efallai. Ac un noson roedd Madge yn Siop Blaen-porth wedi bod yn disgwyl oriau amdano. Tua chwarter i ddeuddeg dyma

Dewi'n cyrraedd, a'r siopwraig erbyn hynny'n dechrau colli'i hamynedd. 'Dewi Preis! Ble 'ych chi wedi bod? Beth sy'n bod arnoch chi, gwedwch?'

''Sa i'n gwbod na'i, Missus Ifans – ond pan ff'india i ma's, chi fydd y cynta i ga'l gw'bod!'

Yn awr ac yn y man trawai Ifan Jâms i mewn, yn ei het *deerstalker* a'i getyn cam yn ei geg. Gŵr busnes lleol a chanddo'i ffordd unigryw ei hunan o liwio hanesyn. Buasai i fyny yn Llundain, meddai ef, yn Jagiwar Capten Davies, y Gotrel – gyrrwr yr oedd sôn amdano fel un trwm ei droed. 'Diawch,' meddai Ifan, 'wên ni'n llwytho 'mhib yn Reading, a wên ni ar bwys Llain-hallt pan ges i dân ynddi.' Doedd y bwthyn hwnnw ddim mwy na phum can llath i ffwrdd, ac mae'r garreg filltir y tu allan i'r dafarn yn dweud *LONDON 248miles*!

Yn awr ac yn y man, wrth gwrs, fe allai pethau fynd braidd dros ben llestri. Fel y noson honno pan gyfarfu rhai aelodau o deuluoedd y Worralls a'r Lovells â'i gilydd yno. Aeth yn ymladd ac erbyn i'r tafarnwr orchymyn Margaret, 'Hyp, Mar'get, ffono PC,' dywedir mai talcen y sgiw yn ei law oedd yr unig ddarn cyfan o'r celfi ar ôl.

Cwmni Roberts o Aberystwyth fyddai'n cyflenwi'r ddiod yno, ac mae'n ymddangos bod hwnnw, ys dywed D. J. Williams, yn 'fethyglyn gorau'r dydd, yn ôl y rhai a ddyl'sai wybod'. Achos ryw noson Ffair Castellnewydd, a honno wedi bod yn ffair dra llwyddiannus, gallwn feddwl, galwodd tri deryn iach yng Ngogerddan ar eu ffordd adref, J— S—, H—'r Efail a D— Crugefa. Nid oedd rheolau'r anadliedydd wedi dod i rym y pryd hwnnw. Ac wedi iddynt gyfranogi'n weddol helaeth o groeso'r tŷ ymadawsant am adref. Ond prin eu bod wedi mynd chwarter milltir i lawr y ffordd, gyferbyn â Blaen-tir, pan welsant gar wedi'i barcio ar eu hochr hwy o'r hewl – gan taw p'un oedd yr ochr honno. Beth bynnag, methodd y gyrrwr, pa un bynnag o'r tri ydoedd, â llwyr osgoi'r car arall. Dim byd difrifol – rhyw grafiad fach ar ei ochr, dyna i gyd. Ond mynnodd ei berchen gael galw'r heddlu.

Erbyn cyrraedd o'r gyfraith, doedd neb yn eistedd yn sedd y gyrrwr, nac yn y sedd ar ei bwys, chwaith. Roedd y tri yn y sedd gefn! Felly'r peth cyntaf i'w wneud oedd sefydlu pwy oedd yn gyrru. 'Ti D— o'dd yn dreifio?' holai'r glas. (Roedd yn nabod y tri wrth eu henwau). Ysgwyd pen pendant. 'Ti H—, 'te?' Ysgwyd pen mwy pendant fyth. 'Ti J— 'te? Ma'r rhaid mai ti o'dd wrth y whîl.' Byddai gan J— ryw gwirc o roi plwc i big ei gap stabal yn groes i'w dalcen nes ei bod uwchben ei glust dde pan fyddai am bwysleisio'i bwynt – ac yr oedd angen pwysleisio'n awr! Plwc i'r pig – 'Nage fi.'

Fel y gellid disgwyl, roedd y plisman erbyn hyn â'i amynedd yn dechrau treulio'n denau. 'Wel, diawl, dim ond tri ohonoch chi sy' 'ma. Pwy oedd yn dreifio, J—?' A chyda plwc arall i big y capan huawdl, cafodd ateb oedd mor onest ag oedd ddamniol. 'Roberts Aberystwyth!'

Ond dyweder a fynner, megis y ceir perl o enau'r gwirion weithiau, mae doethineb yn tarddu o waelod gwydryn ambell waith. A rhyw noson o haf, a chriw ohonom ni'r rhai ifancaf yn pwyso ar y bont, dyma Sam Cambrian yn dod allan o ddrws y dafarn ac yn croesi'r hewl tuag atom. Gweithio gyda'r Weinyddiaeth Amaeth yr oedd ef, a chanddo'i ffordd ei hun o gyflawni'i ddyletswyddau. Un o'i swyddi fyddai mynd o gwmpas yn sicrhau bod ffermwyr yn cydymffurfio â'r rheolau wrth hawlio cymhorthdal aredig tir glas. Byddai'n cyrraedd clôs rhyw fferm a dechrau tynnu siarad â'r deiliad, gan edrych o gwmpas i gyfeiriad hynny o ffermydd oedd yn ei olwg a smalio na wyddai'u henwau, ac yn y blaen (er ei fod yn nabod mapiau sawl plwy fel cefn ei law).

'Aros di nawr. Beth yw'r lle 'co sy draw'n y coed fan draw? O, Ffynnon-fair, ie fe?' Troi i gyfeiriad arall wedyn, a gofyn eto, yr un mor ddiniwed, 'Y ca' yco sy' ar hanner 'i redig – pwy sy' fan'na? O, wy'n gweld, dyna'r Dyffryn?' A byddai wedi gwneud diwrnod o waith ymweld heb symud o'r fan!

Ond cwestiwn na fedrai'r un ohonom wneud pen na chwt ohono am beth amser a ofynnodd i ni'r noson honno. 'Wês un ohonoch chi bois yn gw'bod am ga' o rêp ffor' hyn r'wle?' Ac wedi i ni edrych ar ein gilydd am ysbaid a neb yn medru'i helpu dyma rywun yn gofyn i Sam pam yr oedd yn chwilio am gaeaid o rêp.

'Wel,' meddai gan bwyntio â'i fawd dros ei ysgwydd at y dafarn, 'Ma' pawb miwn fan'na â digon o bopeth gydag e'. C'irch, tato, gwair, cêl – popeth. Ond dim rêp. A ma' hinni'n beth od hefyd, achos, wyddech chi bois, dina'r pishyn tir sy'n ca'l 'i ffarmio ore yn Sir Aberteifi – cegin fach Gogerddan!' A fynegwyd y peth erioed yn well?

> Hyd bedwar cwr y wlad o'r bron
> Ni fu'r fath ffermio'n unman,
> Mae'r cnydau'n drwm a'r preiddiau'n iach
> Yng nghegin fach Gogerddan.
>
> A thra bo rhywfaint yn y god
> A'r siwc yn dyfod allan,
> Fe fydd yr ŷd yn llond y sach
> Yng nghegin fach Gogerddan.

Glyn

Os mai 'eich gwneud chwi fel plant bychain' yw amod gyntaf mynediad i deyrnas nefoedd rwy'n gwbl, gwbl sicr am un sydd bellach 'a'i enw i lawr'. Achos ef oedd y gŵr mwyaf hollol agored a difalais a welais erioed. A'r diniweitiaf, er nad oedd yn ddiniweityn o bell ffordd. Roedd ei gyfan ar yr wyneb, ac yn yr wyneb. Yr wyneb hwnnw yr oedd rhadlonrwydd eang ei natur, a'i ffydd ddiysgog yn rhinweddau'i gyd-ddyn wedi rhoi ynddo ryw dynerwch a guddiai holl rychau ei boen corfforol. Roedd dynoliaeth gyfan ynddo.

Yr oedd yn rhegwr, ond mae 'na regi a rhegi. Fe gewch chi un y mae'r llw fach ddiniweitiaf yn swnio'n aflan ar ei wefusau, mae'r llall â bron bob yn ail air o'i enau yn rheg ond nad yw'n merwino'ch clust agos gymaint rywfodd. I'r ail ddosbarth y perthynai Glyn. Rhegwr wrth ei reddf. Roedd e'n defnyddio'r 'geirie mowr' (er mai anaml y byddai'r un ohonynt yn hwy na phedair llythyren) fel atalnodau, heb sylwi arnynt mae'n siwr gen i. Neu fel rhywun yn hau cyrens mewn bara brith, nad yw dyn yn sylweddoli eu bod nhw yno nes i'r dant gau arnynt.

Wedi'r cyfan, roedd yn gofyn cymeriad go arbennig i gychwyn sgwrs gyda'r gweinidog, a honno'n wraig ifanc ddeniadol, â'r cyfarchiad ysgubol, 'Ff—, Hwnnw Fach'…

(Hwnnw fyddai pawb, gwryw neu fenyw, na fedrai alw'i enw i gof ar y funud.) 'Ff—, Hwnnw Fach, 'se dda 'da fi aller ddod i'r ff—in cwrdd, ond ma'r ff--in rhiwmitis 'ma'n whare'r d—l â fi.' Ac nid esgus gwag mo hynny, chwaith, fel y tystiai'r bysedd ceimion a'r cymalau fel marblis ar eu cefnau a gawiai am y basnaid bara te oddi ar y pentan.

Roedd yn ffefryn arbennig gan wraig ifanc cymydog iddo. Merch o gyffiniau Penarth na fedrai'r Gymraeg. Merch bropor iawn. A rhyw ddiwrnod pan oedd Glyn draw yno'n cynorthwyo gyda phlufio hanner dwsin o ffowls, ynghanol y plu mân a'r llwch, digwyddodd disian. 'O bless you, Glyn,' mynte hithau. Ymateb cyfarwydd y Sais. Ddwy neu dair 'bless you' yn ddiweddarach dyma hi'i hunan yn dechrau tisian. A Glyn yn ymateb yn yr un ysbryd – 'O ff— you, Hwnnw Fach!'

Dro arall roedd hi'n bwydo'r ieir, a Glyn yn gwyngalchu wal y beudy gerllaw. Ac mae'n rhaid bod blawd y ffowls bron ar ben ac ar waelod y gasgen, a honno'n un go ddofn. Wrth iddi bwyso i mewn â'i ffiol i drio crafu digon i fyny o'r gwaelod, mae'n rhaid ei bod wedi gordafoli a mynd ar ei phen i'r gasgen a'i choesau (lluniaidd iawn) a'i phen ôl yn yr awyr. Gallai'n hawdd fod wedi mygu yn llwch ei charchar cyfyng achos ni fedrai ryddhau'i hun o gwbl. Yn ffodus, tynnodd ei sgrechian sylw'i gŵr o ochr bella'r clôs a rhedodd hwnnw draw i'w harbed, a chael Glyn yno eisoes ond yn syllu'n wyllt mewn penbleth llwyr, heb wybod beth i'w wneud. Ond chwarae teg iddo, nid bob dydd y mae hen lanc yn gweld y fath olygfa!

'Pam na fyset ti yn 'i thynnu hi ma's, 'achan?' holai'r gŵr wedi iddo dynnu'i wraig o'i phicil, a honno'n tisian ac yn peswch dros bob man. 'O ff—,' meddai'r gwyngalchwr, 'Wên i ddim yn gwbod beth i gydio ynddo!'

Nid trio bod yn ffraeth yr oedd, ond mynegi'n hollol ddidwyll ei ymateb. Fel y gwnaethai pan aeth yr hogyn bach hwnnw ar goll. Crwtyn bach du ei groen a ddaethai i lawr gyda theulu o Gaerdydd ar wyliau i fferm gerllaw, a'r Negro cyntaf i Glyn ei weld, mae'n siwr. Tebyg ei fod wedi mynd ar grwydr hyd y caeau a'r gelltydd cyfagos – heb fod wedi gweld y fath lefydd yn ei fywyd o'r blaen. Ond aethai'r prynhawn yn hwyr, a'r hwyr yn nos, heb sôn am yr un bach yn dychwelyd at ei rieni. A chrynhodd y cymdogion o gwmpas â'u fflachlampau i chwilio amdano. Ymhen hir a hwyr, yng nghlawdd cae gryn bellter i ffwrdd, clywodd Glyn a George Penbontbren, a oedd gydag ef, sŵn rhyw siffrwd mewn llwyn o gyll, a throdd George ei fflachlamp ato. Ac yno rhwng y dail gwelsant ddau lygad du yr un bach yn disgleirio yn y golau. 'Gadewch e' man lle mae e', George,' oedd cyngor Glyn, 'Mae e' gartre fan'na!'

Nid hiliaeth o unrhyw fath ydoedd hynny – ni chlywsai Glyn am y gair erioed, heb sôn am ei weithredu. Byddai'n well gen i gredu ei fod, yn yr eiliad honno, wedi llwyr uniaethu â'r hogyn bach yn ei hiraeth am fod yn ef ei hun – am fod yn rhydd yn nefoedd ei ddychymyg.

Clywais ddweud iddo ddechrau'r ysgol yn bump oed â phibell glai'n ei boced – ac nid fel tegan chwaith, ac y bu'n rhaid i'w fam eistedd gydag ef am tua'r wythnos gyntaf i'w gadw yno. Ymhen hir a hwyr dyma honno'n cilio'n ddirgel a'r amddifad bach yn sylweddoli'n sydyn ei bod wedi mynd, 'Ff—, ble ma' Mari?' Ac yr oedd allan drwy'r drws ac adref bron cyn gynted â hi. Prin y gellid dweud bod ei addysg ffurfiol wedi bod yn llwyddiant ysgubol!

Diemwnt amrwd, nad oedd ffyrdd y byd wedi llyfnhau'r un iot ar ei gonglau geirwon, gogoneddus – na'u llychwino chwaith. A phan ddôi rhai o blant amlwg y fro yn ôl am dro i'r hen ardal o gylchoedd eu disgleirdeb, yn farchogion a'u boneddigesau, yn farnwyr a llawfeddygon, ei gwmni ef a geisient bob tro. Y gwladwr cwbwl naturiol hwn na wnaethai gaff gwag erioed mewn moes, am y rheswm syml iddo ymwneud â'i gyd-ddyn yn union fel yr hoffai i hwnnw ymwneud ag ef.

Yn ei flynyddoedd olaf, ac yntau'n diodde'n gynyddol o'r crydcymalau, ei unig gwmni fyddai Mot y ci. Hwnnw hefyd wedi mynd yn rhy fusgrell bellach i ddwyn y cwningod yn ôl i law ei feistr fel cynt, ond mor afreolus ag y bu erioed. Roedd yn beryg bywyd i rywun a ddigwyddai alw. Oni fyddai'n ofalus byddai wedi briwio godreon ei drowsus yn rhubanau ar ddim a wnâi Glyn i'w rwystro. O, byddai'n ei regi i'r cymylau, 'Ff—, Mot, be' dd— sy'n bod arnat ti? Gad dy bl— dwli,' ac yn y blaen, a'r bastwn yn chwifio uwch ei ben. Ond nid byth y disgynnai. Hyd yn oed pan alwodd cymydog a chael y lle'n llawn pluf a Mot ag un o glustogau'i berchen yn yfflon yn ei ddannedd, yr un oedd maddeuant Glyn. Roedd y ddau'n deall ei gilydd i'r dim.

Duw a ŵyr sut yr ymdopodd â bod heb gwmni'r hen gi pan ddaeth cyfle i adnewyddu'r tŷ ac iddo yntau orfod symud at berthynas iddo dros dro. A phan ddychwelodd roedd yr hen le wedi'i weddnewid yn llwyr. Nid Bwlchygraean ydoedd bellach. Blychau llwch lle gynt y poerai i'r grât a tharo'i getyn allan ar y ffender, cypyrddau sgleiniog yn lle'r basin bara te ar y pentan, ac yn waeth na'r cyfan, carpedi ar lawr fel na feiddiai Mot gael mynediad mwy. Esgymunwyd ef i'r beudy, a thorrodd Glyn ei galon.

Ymgeleddodd ardal gyfan yn ei ddydd; nid rhyfedd iddi hithau'i ymgeleddu yntau yn y diwedd. Er efallai ei bod yn anodd gan garedigion y 'pryd ar glud' werthfawrogi rhesymeg y rhadlondeb a fynnai fod Mot yn cael y dewis cyntaf o ddanteithion y dydd. Mor naturiol, mor ddiniwed oedd ffydd y naill yn y llall. Fel petai Blwchygraean yn rhyw Eden fach cyn y cwymp. Ond cwympo fu raid. Pa ryfedd mai wrth gladdu'r hen gi y cwympodd Glyn hefyd?

Twm Shot

Os oes graddau ym mucheddau saint ac angylion fe ddylai'r un peth fod yn wir am grwydriaid y ffordd. Wedi'r cyfan, clywsom am angylion ac *arch*angylion. Roedd yr ail ddosbarth, felly, ryw radd yn uwch na'r cyntaf yn ôl rhyw sgêl neu'i gilydd. A beth oedd ceriwbiaid, yntê, ond gradd uwch wedyn ar angylion, hyd yn oed os oedd rhai ohonynt yn *lân* geriwbiaid.

Felly hefyd yn hanes y saint. Roedd yna rai – yn ôl *Encyclopaedia Brittanica* beth bynnag – nad oeddent ond *minor saints* (sylwer nad oes term cymharol yn Gymraeg – mae'n rhaid eu bod i gyd o gydradd sancteiddrwydd gennym ni!) ac eraill, mae'n rhesymol credu felly, yn, wel, saint *bona fide*, wir-yr fel petai.

A derbyn hynny mae'n rhaid bod yr un peth yn wir ym myd Twm a'i debyg. Ni fyddwn yn ei osod ef yn drempyn o'r radd uchaf oll – fel Dafydd Jones Gwallt Hir er enghraifft, achos roedd hwnnw'n aristocrat o drempyn, wedi cyfieithu *The Isle of Capri* i'r Gymraeg a chyflawni campau llenyddol o'r fath. Ni fuaswn chwaith yn ei osod ymhlith trueiniaid y gwter yn ein trefi, a'r botel meths yn gwmni parhaus iddynt. Roedd gryn dipyn yn uwch na hynny, yn rhyw fath o uwch-ddosbarth-canol o dramp.

Achos nid crwydro'n llwyr ddigyfeiriad a wnâi, gan

123

fegera'i ffordd o dŷ i dŷ. Nid oedd chwaith yn meddwi a chreu trwbwl fel rhai o'i gyd-fforddolion llai parchus. O na, roedd gan Twm ei gylchdaith o ffermydd a thyddynnod – tua deg-ar-hugain ohonynt efallai – o rywle rhwng Synod Inn a Chrymych ar y naill law, a rhwng y môr a Chastell-nedd ar y llall. Yn ystod misoedd y gaeaf treuliai ryw bythefnos neu fwy ym mhob un, yn torri coed tân, carthu critiau'r lloi, cynrychioli'r ffermwr wrth dowlu dyled dyrnu ac yn y blaen, ar ei gadw ac ychydig o arian poced. Byw ar y storws neu yn y sgubor a'r tŷ pair – ble bynnag yr oedd lle gwag iddo daenu'i wely o hen gotiau a charthenni, a chymryd ei fwydo yno'n ogystal – heblaw am ambell le a'i gwahoddai i groeso cymharol gyntefig y gegin gefn.

Yno y byddai tan iddo ddomi yn ei nyth mewn rhyw ffordd neu'i gilydd. Dim byd yn ddifrifol iawn fel rheol – anghofio cyflawni rhyw dwt yn ôl dymuniad ei feistr neu rywbeth felly. Neu efallai'n wir mai dim ond rhyw hen gosi yn ei draed a'i gyrrai i godi'i bac a symud ymlaen. Ond yn ôl y deuai wedyn ymhen y rhawg.

Daethai rywbryd i dyddyn Y Dryslwyn ar ei dro, lle trigai Mrs Capten Harris-Williams, a wisgai un o gapanau môr ei gŵr i bwysleisio hynny. Miss Williams digon cyffredin (neu hyd yn oed Mari Fel-a'r Fel) oedd hi pan alwasai Twm ddiwethaf. Ac roedd hi'n magu daeargwn – cŵn o frîd yn cydweddu â'r brîd yr oedd hi newydd ymuno ag ef. A rhoddwyd Twm i gysgu yn y stabal, lle'r oedd un o'r geist newydd gael torraid o gŵn bach. Roedd hi'n dywydd digon oer, ac er mwyn gwresogi taenodd ei got braidd yn agos i'r teulu bach yn y gwellt. Yn rhy agos, a dweud y gwir, achos erbyn y bore gwelwyd bod dau o'r cenawon gwerthfawr wedi trengi. A chyhuddwyd Twm o fod wedi gorwedd arnynt a'u mogi. Y math o ddigwyddiad a sicrhai ei fod yn cadw i drafaelu.

Roedd ganddo wyneb gwritgoch braidd, a rhyw wên hanner plentynnaidd yn ei lygaid, a phan siaradai â chi byddai rhyw 'He-he-he, 'na dda 'nawr,' yn britho'i leferydd. Pa un ai newydd da fyddai ganddo neu ddrwg. Ond wedi i rywun gael ychydig o ddifyrrwch uwch ben ei genadwri, neu chwerthin am ben ei jôc byddai'n aml yn gweld bod cryn athroniaeth y tu cefn i'r peth. P'un ai a oedd hynny'n fwriadol ar ei ran ai peidio, pwy a ŵyr?

Pan oedd ar ei ymweliad blynyddol â'r Hafod ryw flwyddyn, digwyddai'r ffermwr fod yn anhwylus, ac yn wir, cyn i Twm ymadael buasai hwnnw farw. Gŵr a gâi'r enw ei fod yn dynn â'i geiniog (hyd yn oed yn ôl safonau Sir Aberteifi!) Mewn gwirionedd, fe'i cyfrifid yn rhywfaint o gybydd. A phan drawodd rhywun ar draws Twm ar ei ffordd i'r lletty nesaf roedd yn rhaid cyfeirio at y farwolaeth. 'Fachgen, Tom,' (anaml y cyferchid ef yn Twm, am ryw reswm) 'Fachgen, Tom, fe gollsoch yr hen Hwn-a-hwn 'te.' 'He-he-he, do 'achan.' 'Fe adawodd arian mawr, Tom?' 'He-he-he, do 'achan. Fe adawodd y cwbwl. He-he-he, 'na dda'n awr.' A fedrai neb ddoedyd yn well?

Buasai yn y Rhyfel Mawr. Yn wir, mae'n bosib mai'r hyn a elwid yn *shell shock* yn y gyflafan honno oedd yn gyfrifol nad oedd yn hollol 'run fath â phawb arall. Ond hyd yn oed wedi gorffen yr Ail Ryfel Byd, daliai i gyfeirio at y gyntaf fel Y Last Wôr. Ac erbyn meddwl, onid honno oedd y rhyfel oedd i fod i orffen pob rhyfel? Daliai hefyd i wisgo'r pwtis a wisgai milwyr yr oes honno am ei goesau – neu ei fersiwn ef ei hun ohonynt beth bynnag. Stribedi o ryw liain llwyd wedi'u lapio am ei goesau o'i sgidiau bron at ei bengliniau. Gwisgai hefyd i fyny at dair cot fawr, a hen facintosh wedi gweld dyddiau gwell yn uchaf, gyda thipyn o gortyn beinder i'w thynnu at ei gilydd am ei ganol. Am ei ben fynychaf byddai rhyw fath o het gantel uchel a'i hymyl wedi'i droi i lawr, a fyddai'n ddigon cynhwysfawr i gadw'i faco a'i fatsus a'i getyn clai ynddi.

Roedd unrhyw beth lliwgar ym môn clawdd neu ar lawr yn tynnu'i lygad. Roedd rhyw duedd biodllyd felly ynddo. Blodyn bach o'r berth neu ddarn o bapur siocled neu gaead potel laeth. Ac fe'u casglai i bocedi niferus ei aml gotiau. A chan fod yn y rheiny o leiaf ddwy boced yr un, a'r pocedi hynny'n orlawn o bob petheuach, a'r ddwy goes fain odanynt a'r het-towlu-diferyn ar ei ben, edrychai'r peth tebycaf i babell yn cerdded pan ddeuai i'ch cyfarfod.

Ymhell cyn i'r gair hwnnw ddod i'n geiriaduron, roedd Twm yn eciwmenaidd. Mynychai'r lle o addoliad a ddigwyddai fod agosaf ato ar Nos Sul, a chofiai bregethau'r Hoelion Wyth bob un. A'i hoffter, mewn aml dŷ pair ar hyd y ffermydd, ac yntau'n twymo wrth y tân a fyddai'n berwi pair y tato moch ar noson o aeaf, fyddai cynnal gwasanaeth fan'ny wrtho'i hunan. Lediai emyn, darllenai bennod o destament na welais ei lai erioed yn ei boced, ac âi i weddi a phregethu pregeth a glywsai'r Sul cynt, air am air. Popeth mor ddefosiynol ag y gallai fod. Ac yna fe ddinistriai'r cwbwl drwy fachu taten dwym o'r pair a'i awnsio ar ganol y gweithgareddau!

Mae'i ddoethinebau a'i ffraethebion yn dal ar gof gwlad. Megis y tro hwnnw y safai ar sgwâr Blaenannerch a dieithryn yn dod i fyny yn ei gar o gyfeiriad Aber-porth a throi i gyfeiriad Aberteifi er na wyddai ef hynny. 'Excuse me,' mynte'r Sais wrtho, 'Am I on the right road to

Aberystwyth?' 'Yes,' atebodd yntau, 'You're on the reit rôd, but you're going the rong wê!' A phetai hwnnw wedi bod rhywfaint callach, mae'n siwr ei fod wedi ychwanegu 'He-he-he, 'na dda 'nawr,' hefyd.

Nid oedd yn or-hoff o waith, fel llawer ohonom petaem yn hollol onest. Ond bob hyn-a-hyn, pan na fyddai neb gwell ar gael, i fod yn gwbl agored ynglŷn â'r peth, câi ei alw i ychydig o waith labro. A gorau i gyd os golygai'r gorchwyl mai ar ei ben ei hunan y gofynnid iddo weithio. Câi ddewis ei sbîd ei hun felly. O dan lygad goruchwyl-iaeth, neu yn wir yn llygad y byd, mae rhyw reidrwydd ar ddyn i gydweddu â'r norm, onid oes? Ar ddiwrnod dyrnu, er enghraifft, byddai gofyn i bawb o'r criw dynnu'i bwysau wrth y gwahanol orchwylion – cario llafur, bwydo'r drwm, codi'r das wellt ac yn y blaen – onide byddai rhywun yn dioddef.

Yn fynych iawn, mynd i ddyrnu fel cynrychiolydd rhyw fferm neilltuol fyddai Twm – i fwrw dyled. Ac ar adegau felly byddai'n orfodol arno dderbyn pa bynnag swydd a roddai'r gaffer iddo. Ac fel mae'n ddrwg gennyf gyfaddef, o achos mai Twm ydoedd, i'w ran ef fynychaf y syrthiai'r gorchwyl llychlyd a diflas o gadw'r us a'r manwellt – y mŵl ys dywedwn ni – yn glir o dan y dyrnwr. Ac wrth gwrs câi ei drin yn union fel pawb arall pan ddôi'r bwyd i'r bwlch ac yn y blaen. Ni châi neb ei dalu. Ond weithiau, pan fyddai ef wedi dod o'i ben a'i bastwn ei hun (nid bod hynny'n ddigwyddiad rhy gyffredin, mae'n rhaid cyfaddef) byddai ganddo ffordd unigryw o awgrymu i'r gaffer ei fod yn disgwyl cael ei dalu. 'He-he-he, ar gost y'n hunan rwy 'ma heddi, 'achan, he-he.'

Ond enaid unigol oedd Twm. Felly pan gafodd gais

rywdro i fynd i dorri bedd, nid oedd ganddo fwy na'i wrthwynebiad arferol at unrhyw orchwyl i'w atal rhag cytuno. Byddai wrthi ar ei ben ei hun, byddai allan o olwg y byd mewn mynwent ddiarffordd yn ôl pob tebyg, a byddai ganddo o leiaf dridiau at y gwaith. Gwaetha'r modd, digwyddodd bod y fynwent yn ffinio â'r hewl fawr, a thra oedd ef wrthi'r peth cynta'n y bore (am unwaith) roedd rhyw ddieithryn o Sais a ddaethai i fwrw gwyliau gerllaw yn cerdded ei gi ac yn mwynhau ffroeni awyr iach cefn gwlad yn hytrach na mwrllwch a mwg ei fywyd bob dydd. Byddai Twm yn llygaid y byd wedi'r cyfan.

'Good morning, my man,' meddai dros y wal, o weld Twm wrthi â'r bicas a'r rhaw. 'Gwd morrning,' meddai hwnnw'n ôl dros ei ysgwydd, i roi'r argraff ei fod yn brysur, beth bynnag. 'Very healthy country you have around here,' meddai'r dieithryn wedyn, gan dynnu anadl ddofn i ysgyfaint a amddifadwyd o awyr iach gyhyd. Dim ond 'Yess' gafodd e o ateb y tro hwnnw – doedd dim o'r amser na'r awydd gan Twm i ddweud rhagor. Wedi'r cyfan mae *deadline* gan rywun sy'n torri bedd! Ond yn ei flaen yr aeth y niwsens wedyn, 'They don't die very often around here, do they?' fel rhyw esgus o jôc. 'No,' mynte Twm, 'onli wans!'

Arferai Twm wneud ei dipyn siopa yn siop Pegler's yng Nghastellnewydd. Nid mai honno oedd y siop agosaf, ond câi ambell hanner owns o faco gan y siopwr hwnnw am ddim. Ond rywdro, ac yntau heb fod yno ers mis a rhagor, cyrhaeddodd a gweld bod cryn adnewyddu wedi bod yno ers ei ymweliad diwethaf. Roedd y perchen yn sefyll y tu allan, yn amlwg iawn yn bles tu hwnt ar wedd newydd, lân a modern ei faelfa. O bosib ei fod o'r herwydd yn teimlo ei fod wedi mynd i fyny yn y byd, ac nad oedd rhywrai o fath Twm yn rhyw hysbyseb dda iawn iddo. A thra oedd y ddau yn mân sgwrsio, a Thwm mwy na thebyg yn rhyw led ddisgwyl yr hanner owns arall, dyma drempyn iawn (sef un ryw radd neu ddwy yn is na Thwm) yn pasio. 'Fachgen, Tom,' meddai'r siopwr, 'Dyna dy frawd yn mynd heibio.' 'He-he-he, ie'n wir, w. Brodyr 'yn ni i gyd w. 'Na dda'n awr.' Ac ymaith ag ef i wneud lle i'r cwsmeriaid normal. Pwy bynnag ohonom sydd yn normal, yntê!